【国家試験】
知的財産管理技能検定

厳選
過去問題集

2級

もくじ

特許法・実用新案法

意匠法

商標法

条約

著作権法

その他の知的財産に関する法律

実力テスト

2 級試験概要

本書について

1. 過去 10 回の試験問題から、合格に必要な問題を厳選し一冊に収録

　本書には、第 33 回（2019 年 7 月）から第 43 回（2022 年 11 月）まで※に実施された知的財産管理技能検定 2 級の過去問題の中から、出題傾向を踏まえて合格に必要な学科・実技の問題と詳細な解説を掲載していますので、一冊で 2 級両試験の学習ができます。

　本書では、レッスンの最初にそのレッスンの内容をまとめた重要ポイントを掲載していますので、過去問題を解く前にポイントを理解したうえで問題に取り組むことで、出題のポイントがよくわかる仕組みになっています。

　また、巻末には本試験さながらの実力テストを解答解説とあわせて掲載しています。

※第 35 回（2020 年 3 月）については、新型コロナウイルス感染症対策のため実施されませんでした。

2. 法令基準日と法改正等の影響も考慮

　本書では、2023 年 11 月から 2024 年 7 月に実施される試験対策として、本書に掲載している過去問題については、各試験実施回の法改正等を考慮して見直ししています。その結果、法改正等の影響を受けている問題および解答については、選択肢の入れ替えや適切 / 不適切の変更を行っており、関連のある法改正等の情報は「解答解説」で説明しています。

　各実施回の法令基準日は知的財産管理技能検定 HP（http://www.kentei-info-ip-edu.org/exam_youryo/exam_kijunbi.html）にてご確認ください。

3. 出題領域順の並び替えで、効率よく学習ができる

　本書では、試験でよく出題されるポイントをレッスンごとに効率よく学習できるよう、「公式テキストに準拠した出題領域順」に重要ポイントと学科・実技の問題と解説を掲載しています。領域ごとに学習が進められるので、漠然と過去問題を出題順に解くより、効率よく学習することができます。

　また、実力テストには、各問題の出題領域を掲載しているので、学習の成果を確認できるだけでなく、正解できなかった領域を把握できるため、ポイントを絞った復習をすることができます。

意匠法
13.意匠権の管理と活用

重要Point

- ・意匠権は，登録査定の**謄本送達日から30日以内**に，**第1年分**の登録料を納付すると**設定登録**がされ権利が発生する
- ・意匠権の存続期間は**意匠登録出願の日から25年**で終了する
- ・意匠権を2年目以降も継続させたい場合は，**前年以前**に登録料を納付しなければならないが，期限経過後であっても，**6カ月以内**であれば**追納**することができる
- ・意匠の**類否判断**は，**需要者**の**視覚**を通じて起こさせる**美感**に基づいて行われると規定されている
- ・意匠法でも，**職務創作**や**先使用者**による**通常実施権**が認められている

▶ 学科問題

44　　　　　　　　　　　　　　　　　　　　　　　　（34回　学科　問29）

ア～エを比較して，登録意匠の範囲に関して，最も**不適切**と考えられるものはどれか。

苦手領域を克服！
ポイントを絞った復習が可能に

各問題に出題領域を掲載

問6　正解：エ

パリ条約

ア　不適切

　パリ条約では，いずれかの同盟国にされた先の出願から優先期間内に他の同盟国にされた後の出願は，優先期間内に行われた行為，例えば，他の出願，公表や実施等によって不利な取り扱いを受けないことが規定されていますが（パリ4条B），後の出願が最初の出願の出願日にされたものとみなすことはありません。

イ　不適切

　パリ条約では，優先期間について，特許出願は12カ月とする旨が規定されています（パリ4条C（1））。

ウ　不適切

　パリ条約では，優先期間について，意匠登録出願については6カ月とする旨が規定されています（パリ4条C（1））。

エ　適切

領域別インデックス

実力テスト

005

5.「大領域出題比率」と「領域別出題数」で出題バランスと出題傾向がわかる

　大領域出題比率では、第39回（2021年7月実施）から第43回（2022年11月実施）までの学科試験・実技試験・その合計の大領域の出題比率を円グラフにしています。どの領域からの出題が多いのか出題バランスを一目で確認することができます。

　また、領域別出題数では、小領域ごとの出題数を掲載しています。どの小領域からの出題が多いのか詳細を確認することができます。

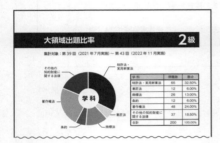

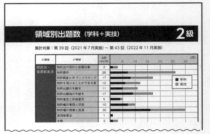

公式テキストと本書

本書は、指定試験機関が編集した「知的財産管理技能検定2級公式テキストに掲載された法律の領域と表記に準拠しています。

公式テキストと本書を合わせて使用することで、より効率的な学習が可能です。

6. 学科・実技それぞれの「領域別出題一覧表」で、領域ごとの詳細な出題傾向がわかる

　領域別出題一覧表では、第39回（2021年7月実施）から第43回（2022年11月実施）までの学科試験・実技試験それぞれについて、小領域ごとの出題数を掲載しています。小領域ごとの出題バランスだけでなく、毎回出題されている小領域はどこかなども確認することができます。

※試験問題についてのご質問はお受けできませんのでご了承ください。

各法律の略称については、下記のとおり表記しています。

特許法 ⇒ 特
特許法施行規則 ⇒ 特施規
実用新案法 ⇒ 実
意匠法 ⇒ 意
意匠法施行規則 ⇒ 意施規
商標法 ⇒ 商
商標法施行規則 ⇒ 商施規
特定農林水産物等の名称の保護に関する法律
　　　　　　⇒地理的表示
パリ条約 ⇒ パリ
特許協力条約 ⇒ PCT
特許協力条約に基づく規則 ⇒ PCT 規則

TRIPS 協定 ⇒ TRIPS
マドリッド協定議定書 ⇒ マド
著作権法 ⇒ 著
不正競争防止法 ⇒ 不競
民法 ⇒ 民
独占禁止法 ⇒ 独
種苗法 ⇒ 種
関税法 ⇒ 関
民事訴訟法 ⇒ 民訴
知的財産高等裁判所設置法
　　　　　　⇒知財高裁

（例）特許法第29条第1項第1号⇒特29条1項1号

集計対象：第39回（2021年7月実施）～第43回（2022年11月実施）

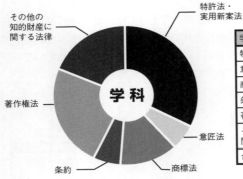

学科	問題数	割合
特許法・実用新案法	65	32.50%
意匠法	12	6.00%
商標法	26	13.00%
条約	12	6.00%
著作権法	48	24.00%
その他の知的財産に関する法律	37	18.50%
合計	200	100.00%

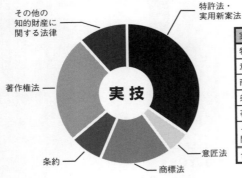

実技	問題数	割合
特許法・実用新案法	70	35.00%
意匠法	11	5.50%
商標法	32	16.00%
条約	15	7.50%
著作権法	50	25.00%
その他の知的財産に関する法律	22	11.00%
合計	200	100.00%

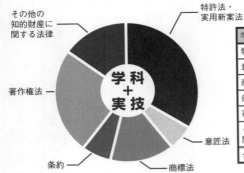

学科＋実技	問題数	割合
特許法・実用新案法	135	33.75%
意匠法	23	5.75%
商標法	58	14.50%
条約	27	6.75%
著作権法	98	24.50%
その他の知的財産に関する法律	59	14.75%
合計	400	100.00%

集計対象：第39回（2021年7月実施）～ 第43回（2022年11月実施）

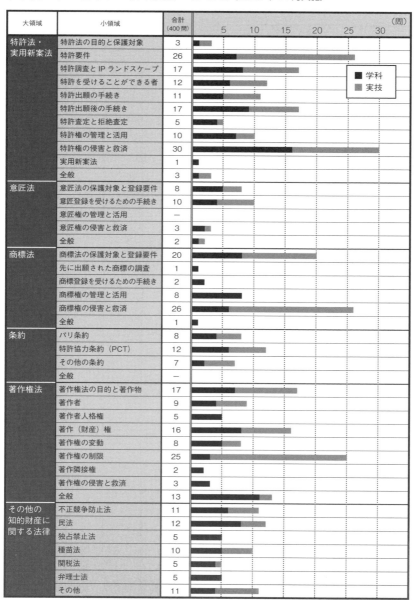

大領域	小領域	合計 (400問)
特許法・ 実用新案法	特許法の目的と保護対象	3
	特許要件	26
	特許調査とIPランドスケープ	17
	特許を受けることができる者	12
	特許出願の手続き	11
	特許出願後の手続き	17
	特許査定と拒絶査定	5
	特許権の管理と活用	10
	特許権の侵害と救済	30
	実用新案法	1
	全般	3
意匠法	意匠法の保護対象と登録要件	8
	意匠登録を受けるための手続き	10
	意匠権の管理と活用	—
	意匠権の侵害と救済	3
	全般	2
商標法	商標法の保護対象と登録要件	20
	先に出願された商標の調査	1
	商標登録を受けるための手続き	2
	商標権の管理と活用	8
	商標権の侵害と救済	26
	全般	1
条約	パリ条約	8
	特許協力条約（PCT）	12
	その他の条約	7
	全般	—
著作権法	著作権法の目的と著作物	17
	著作者	9
	著作者人格権	5
	著作（財産）権	16
	著作権の変動	8
	著作権の制限	25
	著作隣接権	2
	著作権の侵害と救済	3
	全般	13
その他の 知的財産に 関する法律	不正競争防止法	11
	民法	12
	独占禁止法	5
	種苗法	10
	関税法	5
	弁理士法	5
	その他	11

凡例：■ 学科　■ 実技

大領域	小領域	2021年 7月 第39回	2021年 11月 第40回	2022年 3月 第41回	2022年 7月 第42回	2022年 11月 第43回	合計 200問	平均 (問)
特許法・実用新案法	特許法の目的と保護対象				1		1	0.2
	特許要件	3	1	1	2		7	1.4
	特許調査とIPランドスケープ	1	1	3	2	1	8	1.6
	特許を受けることができる者	1	1	1	1	2	6	1.2
	特許出願の手続き		1		2	2	5	1.0
	特許出願後の手続き	1	2	3	1	2	9	1.8
	特許査定と拒絶査定	1		1		2	4	0.8
	特許権の管理と活用	1	1	2	2	1	7	1.4
	特許権の侵害と救済	4	3	3	3	3	16	3.2
	実用新案法		1				1	0.2
	全般	1					1	0.2
意匠法	意匠法の保護対象と登録要件	1		2	1	1	5	1.0
	意匠登録を受けるための手続き		2		1	1	4	0.8
	意匠権の管理と活用						—	—
	意匠権の侵害と救済	1				1	2	0.4
	全般			1			1	0.2
商標法	商標法の保護対象と登録要件	1	3	1	1	2	8	1.6
	先に出願された商標の調査		1				1	0.2
	商標登録を受けるための手続き	1		1			2	0.4
	商標権の管理と活用	2	1	2	2	1	8	1.6
	商標権の侵害と救済	1		2	1		6	1.2
	全般			1			1	0.2
条約	パリ条約		1	1	1	1	4	0.8
	特許協力条約（PCT）	2	1	1	1	1	6	1.2
	その他の条約	1				1	2	0.4
	全般						—	—
著作権法	著作権法の目的と著作物	1	2	2	1	1	7	1.4
	著作者	1		1	1	1	4	0.8
	著作者人格権	1	1	1	1	1	5	1.0
	著作（財産）権	2	1	2	1	2	8	1.6
	著作権の変動	2	1	1	1		5	1.0
	著作権の制限	2				1	3	0.6
	著作隣接権			1		1	2	0.4
	著作権の侵害と救済		1	1	1		3	0.6
	全般	1	4		5	1	11	2.2
その他の知的財産に関する法律	不正競争防止法	1	1	1	1	2	6	1.2
	民法	1	2	1	1	3	8	1.6
	独占禁止法	1	1	1	1	1	5	1.0
	種苗法	1	1	1	1	1	5	1.0
	関税法	1	1	1	1		4	0.8
	弁理士法	1	1	1	1	1	5	1.0
	その他	1	2			1	4	0.8

大領域	小領域	合計	(問)
特許法・実用新案法	特許法の目的と保護対象	1	
	特許要件	7	
	特許調査とIPランドスケープ	8	
	特許を受けることができる者	6	
	特許出願の手続き	5	
	特許出願後の手続き	9	
	特許査定と拒絶査定	4	
	特許権の管理と活用	7	
	特許権の侵害と救済	16	
	実用新案法	1	
	全般	1	
意匠法	意匠法の保護対象と登録要件	5	
	意匠登録を受けるための手続き	4	
	意匠権の管理と活用	—	
	意匠権の侵害と救済	2	
	全般	1	
商標法	商標法の保護対象と登録要件	8	
	先に出願された商標の調査	1	
	商標登録を受けるための手続き	2	
	商標権の管理と活用	8	
	商標権の侵害と救済	6	
	全般	1	
条約	パリ条約	4	
	特許協力条約（PCT）	6	
	その他の条約	2	
	全般	—	
著作権法	著作権法の目的と著作物	7	
	著作者	4	
	著作者人格権	5	
	著作（財産）権	8	
	著作権の変動	5	
	著作権の制限	3	
	著作隣接権	2	
	著作権の侵害と救済	3	
	全般	11	
その他の知的財産に関する法律	不正競争防止法	6	
	民法	8	
	独占禁止法	5	
	種苗法	5	
	関税法	4	
	弁理士法	5	
	その他	4	

大領域	小領域	2021年 7月 第39回	11月 第40回	2022年 3月 第41回	7月 第42回	11月 第43回	合計 200問	平均 (問)
特許法・実用新案法	特許法の目的と保護対象	1			1		2	0.4
	特許要件	6	7			6	19	3.8
	特許調査とIPランドスケープ	2	2	3	1	1	9	1.8
	特許を受けることができる者	1	1	1	1	2	6	1.2
	特許出願の手続き			6			6	1.2
	特許出願後の手続き	1			6	1	8	1.6
	特許査定と拒絶査定		1				1	0.2
	特許権の管理と活用	1		1	1		3	0.6
	特許権の侵害と救済		2	3	5	4	14	2.8
	実用新案法						－	－
	全般				1	1	2	0.4
意匠法	意匠法の保護対象と登録要件		1	1		1	3	0.6
	意匠登録を受けるための手続き	2	2	1	1		6	1.2
	意匠権の管理と活用						－	－
	意匠権の侵害と救済					1	1	0.2
	全般				1		1	0.2
商標法	商標法の保護対象と登録要件			6	6		12	2.4
	先に出願された商標の調査						－	－
	商標登録を受けるための手続き						－	－
	商標権の管理と活用						－	－
	商標権の侵害と救済	7	6	1		6	20	4.0
	全般						－	－
条約	パリ条約				3	1	4	0.8
	特許協力条約（PCT）	3	3				6	1.2
	その他の条約			3		2	5	1.0
	全般						－	－
著作権法	著作権法の目的と著作物	4	1	2	3		10	2.0
	著作者	5					5	1.0
	著作者人格権						－	－
	著作（財産）権	1	3	1		3	8	1.6
	著作権の変動			3			3	0.6
	著作権の制限		6	4	6	6	22	4.4
	著作隣接権						－	－
	著作権の侵害と救済						－	－
	全般				1	1	2	0.4
その他の知的財産に関する法律	不正競争防止法	1	1	1	1	1	5	1.0
	民法	1		1	1	1	4	0.8
	独占禁止法						－	－
	種苗法	1	1	1	1	1	5	1.0
	関税法	1					1	0.2
	弁理士法						－	－
	その他	2	3	1		1	7	1.4

大領域	小領域	合計	(問)
特許法・実用新案法	特許法の目的と保護対象	2	
	特許要件	19	
	特許調査とIPランドスケープ	9	
	特許を受けることができる者	6	
	特許出願の手続き	6	
	特許出願後の手続き	8	
	特許査定と拒絶査定	1	
	特許権の管理と活用	3	
	特許権の侵害と救済	14	
	実用新案法	―	
	全般	2	
意匠法	意匠法の保護対象と登録要件	3	
	意匠登録を受けるための手続き	6	
	意匠権の管理と活用	―	
	意匠権の侵害と救済	1	
	全般	1	
商標法	商標法の保護対象と登録要件	12	
	先に出願された商標の調査	―	
	商標登録を受けるための手続き	―	
	商標権の管理と活用	―	
	商標権の侵害と救済	20	
	全般	―	
条約	パリ条約	4	
	特許協力条約（PCT）	6	
	その他の条約	5	
	全般	―	
著作権法	著作権法の目的と著作物	10	
	著作者	5	
	著作者人格権	―	
	著作（財産）権	8	
	著作権の変動	3	
	著作権の制限	22	
	著作隣接権	―	
	著作権の侵害と救済	―	
	全般	2	
その他の知的財産に関する法律	不正競争防止法	5	
	民法	4	
	独占禁止法	―	
	種苗法	5	
	関税法	1	
	弁理士法	―	
	その他	7	

特許法・
実用新案法

1.特許法の目的と保護対象

重要Point

- 特許法の目的は，発明の保護および利用を図ることにより，発明を奨励し，もって**産業の発達**に寄与することである
- 知的創造サイクルとは，**創造〜権利化〜活用**という一連の流れを円滑にすることで，産業の発達につながる仕組みをいう
- 企業等が保有する特許権を相互にライセンスすることを，**クロスライセンス**という
- 特許権を独占する戦略を取った場合は，**市場**を**独占**することが可能となるが，一方で他社に**代替技術**を開発されたり，**特許異議の申立て**や**特許無効審判**などを請求されたりする可能性がある
- 特許権をライセンスする戦略では，複数の企業が参加することで，自社の**事業リスクの軽減**や，事業活動の自由度が高まるというメリットがある

学科問題

1

　ア〜エを比較して，特許発明を自社のみが独占実施して他社に一切ライセンスしない独占戦略に関して，最も**不適切**と考えられるものはどれか。

ア　独占戦略により，速やかに市場を拡大させることができる。

イ　独占戦略を継続すると，他社による代替技術の開発を加速させるおそれがある。

ウ　独占戦略により，特許発明に係る特許に対して他社から無効審判が請求されるおそれがある。

エ　独占戦略をとるとライセンス料や譲渡の対価は期待できない。

解答解説

1   正解: ア

ア 不適切

　特許権を独占する戦略は，ライバル企業の参入を防止することから，速やかな市場拡大には貢献しません。これに対して，他社に積極的にライセンスを行う戦略であれば，参入企業の増加を促すことになり，速やかな市場拡大に貢献します。

イ 適切

　独占戦略を採用した場合，他社の市場参入を防いだことにより，他社は自社の特許権に抵触しない代替技術の開発を進める可能性が高くなります。

ウ 適切

　独占戦略を採用した場合，特許発明を実施できるようにする目的から，その特許発明に係る特許に対して他社が無効審判を請求してくる可能性があります。

エ 適切

　独占戦略を採用するということは，他社にライセンスすることもなく，また，独占権である特許権を他社に譲渡することもありません。したがって，独占戦略を採用する場合には，ライセンス料や権利譲渡の対価は得られません。

2

　電機メーカーX社は，洗濯機に係る発明Aについて特許権Pを取得した。X社の知的財産部の部員**甲**は，特許権Pを戦略的にどのように活用するかを検討している。**ア〜エ**を比較して，**甲**の考えとして，最も適切と考えられるものはどれか。

ア　特許権Pに基づいて発明Aを独占する戦略をとる場合，早期に市場を拡大することができる。

イ　特許権Pに基づいて発明Aを独占する戦略をとる場合，他社から特許無効審判などの攻撃を受けるリスクが小さくなる。

ウ　特許権Pに基づいて発明Aを他社にライセンスする戦略をとる場合，市場を独占することにより大きな利益が得られる。

エ　特許権Pに基づいて発明Aを他社にライセンスする戦略をとる場合，複数の企業で市場を形成するので，他社にライセンスをしない場合と比べて，大きな投資が必要とならず，事業リスクが小さくなる。

解答解説

2

ア　不適切

特許権Pに基づいて発明Aを独占する戦略をとる場合，X社が，発明Aを利用した洗濯機について，市場を単独で形成することになるため，市場の拡大に時間を要することになり，早期の市場拡大が難しくなります。

イ　不適切

特許権Pに基づいて発明Aを独占する戦略をとる場合には，独占を阻止しようとする他社から特許無効審判等の攻撃を受けるリスクが大きくなります。

ウ　不適切

特許権に基づいて他社にライセンスする戦略をとる場合には，ライセンス収入による収益を確保することができますが，ライバル企業の参入を防いで市場を独占することができなくなるため，市場独占による大きな利益を得ることはできません。

エ　適切

特許権に基づいて発明を他社にライセンスする戦略をとる場合，ライセンスを受けた企業が特許発明を利用した事業を行うようになります。このようにライセンスをした場合には，複数の企業が市場を形成するようになり，他社にライセンスせずに独占する場合と比べて大きな投資が必要とならず，特許権を有する企業にとって事業リスクが小さくなります。

2.特許要件

- **特許要件**

  ① 産業上利用できる発明であること
  ② 新規性があること
  ③ 進歩性があること
  ④ 先に出願されていないこと
  ⑤ 公序良俗に反する発明や公衆衛生を害する発明ではないこと

- 特許法29条の2では，後に出願された発明が，先に出願された**明細書**，**特許請求の範囲**，**図面**に記載された発明と**同一**の場合は，先の出願が公開される前であっても，後の出願は特許を受けることはできないと規定されている
- 新規性喪失の例外規定の適用を受けるためには，その発明が**公知となった日から1年以内に出願**しなければならない

学科問題

3

ア～エを比較して，特許要件に関して，最も適切と考えられるものはどれか。

ア 特許出願前にその発明の属する技術の分野における通常の知識を有する者が，公知技術に基づいて容易に発明をすることができたときは，その発明については，特許を受けることができない。

イ 同一の発明について異なった日に二以上の特許出願があったときは，最先の発明者による特許出願のみがその発明について特許を受けることができる。

ウ 特許出願に係る発明が，当該特許出願をした後，当該特許出願が公開される前に日本国内又は外国において，電気通信回線を通じて公衆に利用可能となった発明と同一の場合には，特許を受けることができない。

エ 明細書の発明の詳細な説明の記載要件に関しては，特許異議の申立ての理由とすることができない。

解答解説

3   正解: ア

ア　適切

　特許出願前にその発明の属する技術の分野における通常の知識を有する者が，公知技術に基づいて容易に発明をすることができたときは，その発明については進歩性が認められないため，特許を受けることができません（特29条2項）。

イ　不適切

　同一の発明について異なった日に二以上の特許出願があったときは，「最先の特許出願人のみ」がその発明について特許を受けることができます（特39条1項）。

ウ　不適切

　特許出願前に日本国内又は外国において，頒布された刊行物に記載された発明又は電気通信回線を通じて公衆に利用可能となった発明は，すでに公知となっており新規性が認められないため，特許を受けることができません（特29条1項3号）。しかし，特許出願後に公知となった場合には，その事実により新規性が否定されることはなく，特許を受けることができます。

エ　不適切

　特許異議の申立ての理由には，新規性や進歩性違反の他，明細書の発明の詳細な説明の記載要件違反も含まれます（特113条1項4号）。

4 〜 5

　スポーツ用品メーカーX社の開発者**甲**は，特殊な形状であるヘッドaと新素材を用いたシャフトbと滑りにくい工夫のされたグリップcからなる，新たなゴルフクラブを発明した。そのゴルフクラブについて特許出願Pの検討をするために，知的財産部の部員**乙**は，特許請求の範囲を作成した。

【特許請求の範囲】
【請求項1】 ヘッドaと，シャフトbとを備えるゴルフクラブ。
【請求項2】 ヘッドaと，シャフトbと，グリップcとを備えるゴルフクラブ。

　乙が，先行技術調査を行ったところ，ヘッドaを備えるゴルフクラブについては，既に文献Aに記載されていることが判明したが，その他の構成であるシャフトb，グリップcについては，記載された文献は発見できなかった。その後，**乙**は，請求項1のみを記載して2020年10月1日にX社を出願人として特許出願Pを出願した。その出願後に，2019年7月1日に出願され，出願公開されることなく特許出願Pの出願後に設定登録された，発明者を**丙**とするY社の特許Qの特許請求の範囲において，「ヘッドaと，シャフトbとを備えるゴルフクラブ」が記載されていることがわかった。

　以上を前提として，**問4〜問5**に答えなさい。

4　特許出願Pが，拒絶されないと考えられる場合は「〇」と，拒絶されると考えられる場合は「×」と答えなさい。

5　問4において，拒絶されない又は拒絶されると判断した理由として，最も適切と考えられるものを【理由群Ⅲ】の中から1つだけ選びなさい。

【理由群Ⅲ】
ア　拒絶理由には該当しないため
イ　新規性がないこと（特許法第29条第1項各号）を理由に拒絶されるため
ウ　拡大先願（特許法第29条の2）又は先願ではないこと（特許法第39条第1項）を理由に拒絶されるため

解答解説

4   正解: ×(拒絶される)

5   正解: ウ

　X社の特許出願Pの出願日は，2020年10月1日であり，Y社の特許Qに係る特許出願が行われた2019年7月1日よりも後になります。また，特許出願Pの特許請求の範囲に記載された発明と，特許Qの特許請求の範囲に記載された発明は，いずれも「ヘッドaと，シャフトbとを備えるゴルフクラブ」であり，同一の発明です。したがって，特許出願Pは，特許Qに係る特許出願との関係で後願となるので，先願主義により拒絶されることになります（特39条1項）。また，特許Qは，出願公開がなされていませんが，その特許権が設定されて特許公報が公開されれば，拡大先願の規定が適用され，後願である特許出願Pは拒絶されることになります（特29条の2）。

3.特許調査とIPランドスケープ

重要Point

- ・先願調査の目的には，他人の研究開発との重複を防ぐことや，特許等に関する紛争を防止する目的，新しい発明のヒントを得ることなどが挙げられる
- ・調査をする場合は，調査したい技術内容の**キーワード**を特定し，さらに調査を的確にするためには，連想される**同義語**も加えるとよい
- ・特許の技術分野の分類

国際特許分類(IPC)	世界共通の分類
FI(File Index)	IPCを細分化しているもの
Fターム	発明の目的,用途,材料などの観点から分類

- ・特許出願は，原則として**出願日**から**1年6カ月**経過しなければ**公開**されないため，調査日から1年6カ月前までの出願については，原則として調査できない
- ・**特許マップ**(**パテントマップ**)は，技術開発や研究，経営の戦略立案の際に他社動向を把握するためのツールとして利用することができる

学科問題

6 (37回 学科 問33)

　ア～エを比較して，特許調査の目的に関して，最も**不適切**と考えられるものはどれか。

ア 新たな研究開発テーマを選定する上で，既に公開されている先行技術から手掛かりを得る。

イ 事業を進める上で障害となる特許権が発見された場合に，その特許に無効理由がないかどうかを調査する。

ウ 最近の1年間における業界の技術トレンドや競合会社の最新動向を公開特許公報から把握する。

エ 新規製品を市場に投入するにあたり，障害となり得る他社の特許権を発見する。

解答解説

6
正解: ウ

ア 適切

特許出願された発明は，課題を解決するアイディアであるので，それを参考にして研究開発を進めれば，より有効な発明を思いつく可能性があります。そのため，新たな研究開発テーマを選定する際にその手掛かりを得ることは特許調査の重要な目的の一つです。

イ 適切

事業の障害となる特許権を発見した場合，当該特許権の出願日より前に同一の発明を開示している先行技術を発見できれば，その特許には無効理由があり，当該特許権を消滅させることができます（特123条）。事業を進める上で障害となる特許権が発見された場合に，その特許に無効理由がないかどうかを調査することは特許調査の重要な目的の一つです。

ウ 不適切

原則として，出願日から1年6カ月を経過しないと，特許出願は公開されないため（特64条1項），特許調査では，最近の1年間における業界の技術トレンドや競合会社の最新動向を公開特許公報から把握することはできません。

エ 適切

新規事業参入や自社事業の展開の際に，他社の特許権の存在を知らずに事業に参入してしまい，他社から特許権を行使されると，多額の賠償金を支払わなければならなくなったり，事業からの撤退を余儀なくされたりするおそれがあります。このような事態を防ぐために，事前に他社の現在における特許権の取得状況を把握することは特許調査の重要な目的の一つです。

7

ア〜エを比較して，特許出願人が特許出願前に行う先行技術調査に関して，最も適切と考えられるものはどれか。

ア 先行技術調査では，調査日以前に出願されたすべての特許出願を調査の対象とすることができる。

イ 特許出願に係る発明に関連する文献公知発明を知っている場合には，当該文献公知発明に関する情報を明細書に記載する必要がある。

ウ 先行技術となる公開特許公報が発見された場合，その特許請求の範囲に記載された発明のみを検討すればよい。

エ 学会誌で公表された学術論文の内容についての調査が必要な場合はない。

8

ア〜エを比較して，IPランドスケープに関する次の文章の空欄 　1　 〜 　3　 に入る語句の組合せとして，最も適切と考えられるものはどれか。

IPランドスケープとは，積極的な 　1　 を策定するために，知財情報及び 　2　 を統合して分析した事業環境と将来の見通しを 　3　 へ提示するものであるといえる。

ア 　1　 ＝事業戦略や研究開発戦略
　　　2　 ＝非知財情報(マーケティング情報等のビジネス関連情報)
　　　3　 ＝株主や顧客
イ 　1　 ＝事業戦略や研究開発戦略
　　　2　 ＝技術文献情報(学術論文等の技術関連情報)
　　　3　 ＝事業責任者や研究開発責任者
ウ 　1　 ＝経営戦略や事業戦略
　　　2　 ＝非知財情報(マーケティング情報等のビジネス関連情報)
　　　3　 ＝経営陣や事業責任者
エ 　1　 ＝経営戦略や事業戦略
　　　2　 ＝技術文献情報(学術論文等の技術関連情報)
　　　3　 ＝事業責任者や研究開発責任者

7   正解: イ

ア 不適切

特許出願は，原則として出願日から1年6カ月を経過するまでは，出願公開されません（特64条）。したがって，1年6カ月前から先行技術調査の時点までに出願された他の特許出願を調査することはできないため，調査日以前に出願されたすべての特許出願を調査の対象とすることはできません。

イ 適切

特許出願を行おうとする発明に関して，出願時に特許出願人がその発明に関連する文献公知発明を知っている場合には，その文献公知発明に関する特許出願や文献の名称等を明細書に記載しなければなりません（特36条4項2号）。

ウ 不適切

明細書や図面にのみ記載された発明であっても，新規性や進歩性を否定する先行技術となる場合があります。したがって，先行技術となる公開特許公報が発見された場合は，特許請求の範囲に記載された発明のみではなく，明細書や図面に記載された発明についても検討する必要があります。

エ 不適切

特許出願を行おうとする発明の内容が，特許出願前に学会誌等で公表されている場合，新規性がないため特許を受けることができません（特29条1項3号）。したがって，特許出願を行うにあたり，学会誌で公表された学術論文の内容を調査する必要があります。

8   正解: ウ

IPランドスケープは，自社，競合他社，市場の研究開発，経営戦略等の動向及び個別特許等の技術情報を含めて，自社の市場ポジションについて現状の俯瞰・将来の展望等を経営層等に示すものであると言えます（特許庁HP：知財スキル標準(version2.0)）。

つまり，IPランドスケープとは，積極的な経営戦略・事業戦略の策定のために，知財情報及びマーケティング情報等のビジネス関連情報を統合して分析した事業環境と将来の見通しを経営陣・事業責任者へ提示するものです。

9

　化学品メーカーX社の経営企画部の部員**甲**は，市場的に見込みのある技術についての自社の技術力を補完しようと考え，Y社あるいはZ社のいずれとアライアンスを組むべきかを検討するために，IPランドスケープの一環として，2社間の技術比較を行い，下図のような結果を得た。**ア〜エ**を比較して，**甲**の考えとして，最も適切と考えられるものはどれか。

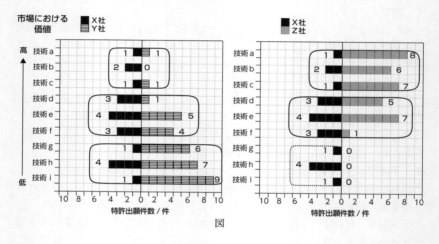

図

ア　Z社は，技術全般にわたって出願件数の合計がY社と比べて少なく技術補完度が低いため，Y社とアライアンスすべきと判断した。

イ　Y社は，市場において価値の高い技術a，b，cの技術補完度がZ社と比べて低いため，Z社とアライアンスすべきと判断した。

ウ　Y社は，市場において価値の高い技術g，h，iの技術補完度がZ社と比べて高いため，Y社とアライアンスすべきと判断した。

エ　Z社は，市場において価値が中程度の技術d，e，fの技術補完度がY社と比べて高いため，Z社とアライアンスすべきと判断した。

解答解説

9   **正解: イ**

　Y社とZ社のそれぞれについて，技術力をX社と比較すると，技術a～技術e
では，Z社の特許出願数がX社及びY社の特許出願数を上回っているので，これ
らの技術分野ではZ社がY社よりも技術補完度が高いと考えられます。また，技
術f～技術iでは，Y社の特許出願数がX社及びZ社の特許出願数を上回ってい
るので，これらの技術分野ではY社がZ社よりも技術補完度が高いと考えられま
す。そして，本問の場合には，より市場価値が高い技術について，より技術補完
度が高い企業とアライアンス（提携）することが適切であると考えられます。

ア　不適切

　本問において，Z社は，市場において価値の高い技術a，b，cの出願件数がY
社を上回っているため，X社にとって，Y社とアライアンスすべきと判断するこ
とは，不適切であると考えられます。

イ　適切

　本問において，Y社は，市場において価値の高い技術a，b，cの技術補完度が
Z社と比べて低いため，X社にとって，Z社とアライアンスすべきと判断するこ
とは，適切であると考えられます。

ウ　不適切

　本問において，技術g，h，iは，技術a，b，cと比べて市場における価値が
低いとされています。したがって，技術g，h，iの技術補完度についてY社の方
がZ社より高い場合であっても，Y社とアライアンスすべきであると判断するこ
とは，不適切であると考えられます。

エ　不適切

　本問において，技術d，e，fは，技術a，b，cと比べて市場における価値が
低いとされています。したがって，技術d，e，fの技術補完度についてZ社の方
がY社より高い場合であっても，そのことのみを理由としてZ社とアライアンス
すべきであると判断することは，不適切であると考えられます。

4.特許を受けることができる者

重要Point

- 発明者は**自然人**に限られ，会社等の**法人**が発明者になることはできない
- 特許を受ける権利が**共有**の場合は，他の共有者と**共同**でなければ，特許出願をすることはできず，また他の共有者の**同意**を得なければ，各共有者はその**持分**を**譲渡**することもできない
- 会社等の法人であっても，**特許を受ける権利**を譲り受ければ，特許出願をすることができる
- **職務発明**の要件

  ①従業者等がした発明であること
  ②その性質上,当該使用者等の業務範囲に属する発明であること
  ③発明をするに至った行為が,従業者等の現在または過去の職務に属すること

- 従業者等のした**職務発明**について，使用者等は**特許を受ける権利**または**特許権**の**承継**等の予約をすることができる
- 従業者等が職務発明について特許を受ける権利を使用者等に**譲渡**した場合，従業者等は**相当の金銭その他の経済上の利益**（相当の利益）を受ける権利を有する

学科問題

10   (37回　学科　問2)

ア～エを比較して，職務発明に関して，最も適切と考えられるものはどれか。

ア 企業の社長や取締役がした発明が職務発明に該当することはない。

イ 職務発明をした従業者は，使用者がその職務発明について通常実施権を取得した場合であっても，実施権の許諾についての対価を請求することができない。

ウ 従業者が，職務発明について使用者に対して特許を受ける権利をあらかじめ譲渡することを約束した場合に請求することができる「相当の利益」は，金銭の給付だけに限られる。

エ 職務発明について，使用者が特許権を取得した場合，当該職務発明をした従業者の同意がなければ，使用者は第三者に通常実施権を許諾することができない。

🔍 解答解説

10   正解: イ

ア 不適切

　社長や取締役のような法人の役員が行った発明であっても，その性質上当該法人の業務範囲に属し，かつその発明をするに至った行為がその法人における当該役員の現在又は過去の職務に属する場合には，職務発明に該当します（特35条1項）。

イ 適切

　使用者等は，従業者等が職務発明について特許を受けたときには，その特許権について通常実施権を有します（特35条1項）。職務発明について使用者が取得する通常実施権は無償の通常実施権であるため，従業者は使用者に対して実施権許諾の対価を請求することはできません。

ウ 不適切

　従業者は，職務発明について使用者に対して特許を受ける権利をあらかじめ譲渡することを約束した場合，「相当の利益」を受ける権利を有します（特35条4項）。ここで，「相当の利益」は，金銭の給付だけに限られず，地位や待遇の向上等，金銭以外の経済上の利益も含まれます。

エ 不適切

　特許権者は，その特許権について他人に通常実施権を許諾することができます（特78条1項）。職務発明について使用者が特許権を取得した場合，特許権者である使用者は，当該職務発明をした従業者の同意がなくても，第三者に通常実施権を許諾することができます。

11

　　ア～エを比較して，職務発明に関して，最も**不適切**と考えられるものはどれか。

ア　職務に属する発明であれば，発明すること自体が職務でない者がした発明で
　　も職務発明に該当する場合がある。

イ　法人の役員が，職務に属する発明をした場合，当該発明の発明者はその法人
　　となる場合がある。

ウ　従業者等が職務発明を完成させたときから，その特許を受ける権利が会社に
　　帰属する場合がある。

エ　退職した会社の職務に属する発明を，その会社を退職した後に完成させた場
　　合は，その発明は職務発明に該当しない。

解答解説

11　　　　　　　　　　　　　　　　　　　　　　　　　正解: イ

ア　適切

　従業者がした発明が使用者等の業務範囲に属し，かつ，その発明に至った行為が使用者等における従業者等の現在又は過去の職務に属する発明は，職務発明に該当します（特35条1項）。したがって，職務に属する発明であれば，発明すること自体が職務でない者がした発明であっても職務発明に該当する場合があります。

イ　不適切

　発明者は，実際に発明をした人（すなわち自然人）に限られるため，法人が発明者になることはありません。

ウ　適切

　従業者等が完成した職務発明について，契約や勤務規則等において予め使用者等に特許を受ける権利を取得させることを定めているときは，従業者等がその職務発明をしたときから，その特許を受ける権利は，使用者等に帰属します（特35条3項）。一方，契約や勤務規則等において予め使用者等に特許を受ける権利を取得させることを定めていない場合は，その職務発明の特許を受ける権利を承継によって使用者等に帰属させることができます。

エ　適切

　従業者がした発明が過去の職務に属する場合であっても，職務発明に該当します（特35条1項）。ただし，ここでいう「過去の職務」とは，同一企業内での職務に限られます。したがって，退職した会社の職務に属する発明を，その会社を退職した後に完成させた場合，同一企業内での職務ではないため，その発明は，職務発明に該当しません。

12

　ア～エを比較して，共同研究開発の成果について，最も**不適切**と考えられるものはどれか。

ア　特許権が共有に係るときは，各共有者は，他の共有者の同意を得ないで，その特許権について，他人に専用実施権を設定し，又は通常実施権を許諾することができる。

イ　特許を受ける権利が共有に係るときは，各共有者は，他の共有者と共同でなければ，特許出願をすることができない。

ウ　特許権が共有に係るときは，各共有者は，他の共有者の同意を得なくても，その特許発明を実施することができる。

エ　特許権が共有に係るときは，各共有者は，他の共有者の同意を得ることにより，その持分を第三者に譲渡することができる。

解答解説

12　　　　　　　　　　　　　　　　　　　　　　　　正解: ア

ア　不適切

　原則として，特許権が共有に係るときは，各共有者は，他の共有者の同意を得なければ，他人にライセンスをすることができません（特73条3項）。

イ　適切

　特許を受ける権利が共有に係るときは，各共有者は，他の共有者と共同で特許出願をする必要があります（特38条）。

ウ　適切

　特許権が共有に係る場合であっても，原則として，各共有者は他の共有者の同意を得ることなく，その特許発明の実施をすることができます（特73条2項）。ただし，その特許発明の実施につき他の共有者の事前の同意を必要とする旨の契約があるときは，各共有者は，他の共有者の同意を得ないでその特許発明の実施をすることができません。

エ　適切

　特許権が共有に係るときは，各共有者は，他の共有者の同意を得なければ，その持分を譲渡し，又はその持分を目的として質権を設定することができません（特73条1項）。

13

　電機メーカーX社は，Y社と新製品Aの共同開発を検討している。**ア～エ**を比較して，X社の考えとして，最も**不適切**と考えられるものはどれか。なお，共同開発をする場合における共同出願の契約においては，特許法の規定に関する特段の定めをしないものとする。

ア　X社が主担当，Y社が副担当として共同で完成した発明について共同で特許出願をする場合，X社とY社の持分の割合を同じにしなくてもよい。

イ　共同開発をする場合，分野，開発期間等を明確にしなければ，将来，紛争の原因になる危険性がある。

ウ　共同開発をする場合，その開発を開始する前に自社の関連する発明についてはあらかじめ特許出願をしておくべきである。

エ　Y社が主担当，X社が副担当として共同開発をして得られた発明について共同出願をした場合，Y社は，X社の同意を得なくともその共同出願に係る特許発明を他社にライセンスすることができる。

解答解説

13

正解: エ

ア　適切

　複数人が共同で発明を完成した場合，特許を受ける権利を共有し，各共有者は，他の共有者と共同で特許出願を行います（特38条）。この場合，各共有者の持分は，同じである必要はなく，共有者同士の取り決めによって自由に決めることができます。

イ　適切

　他社と共同開発をしようとするとき，共同開発の分野，開発期間，対象技術等を明確にし，将来，これらの内容が明確になっていないために生じうる紛争を未然に回避できるようにしておくことは重要です。

ウ　適切

　共同開発の開始前に自社が単独で開発した発明について特許出願を行わずに他社との共同開発を開始してしまうと，自社が単独で開発した発明であっても，共同開発の成果に含められる可能性があります。この場合には，他社と共同で特許出願しなければならず（特38条），特許権を取得した場合には他社と共有することになります。そのため，共同開発を開始する前に自社の関連する発明については，あらかじめ特許出願をしておくことは適切です。

エ　不適切

　複数人が共同で特許出願し，その複数人が共同出願に係る特許権を共有する場合には，各共有者は，他の共有者の同意を得なければ，他人にライセンスすることができません（特73条3項）。

14

建築機械メーカーＸ社の技術者**甲**は，商品開発部で新規な製品Ａの開発業務に従事していた。**甲**は，人事異動により営業部所属となったが，営業部において製品Ａに関する発明Ｐを完成させた。その後**甲**はＸ社を退職したが，Ｘ社は製品Ａの製造販売の開始を決定した。**ア〜エ**を比較して，Ｘ社の知的財産部の部員**乙**の発言として，最も適切と考えられるものはどれか。

ア　「**甲**は発明Ｐを使用した製品Ａの製造販売の開始が決定される前にＸ社を退職していたので，発明Ｐは職務発明とはいえません。」

イ　「発明Ｐは，製品Ａに使用されましたが，実際に製品Ａの売上がない限り，発明Ｐは職務発明とはいえません。」

ウ　「**甲**は営業部に異動となる前に商品開発部で発明Ｐに関連する製品Ａの開発業務に従事していたのだから，発明Ｐは職務発明であるといえます。」

エ　「**甲**は営業部において発明Ｐを完成させましたが，所属していた営業部では管理職であったので，製品Ａの販売活動に従事していたとしても，発明Ｐは職務発明とはいえません。」

解答解説

14   正解: ウ

　職務発明に該当するには，①従業者等がした発明であること，②その性質上，使用者等の業務範囲に属する発明であること，③使用者等における従業者等の現在又は過去の職務に属する発明であることが必要です(特35条1項)。

ア　不適切

　甲がX社に在職中に発明Pを完成しているので，発明Pは職務発明に該当します。なお，製品Aの製造販売の開始が決定される時点で甲がX社を退職していても，発明Pが職務発明に該当するか否かの判断には影響しません。

イ　不適切

　発明Pが職務発明に該当するか否かの判断は，上述の要件①〜③を満たすか否かで判断され，製品Aの売上の有無は関係しません。

ウ　適切

　発明Pが職務発明に該当するには，使用者等における従業者等の現在又は過去の職務に属する発明であることが必要です。発明Pは，甲が以前所属していた商品開発部で開発していた製品Aに関するものなので，職務発明に該当します。

エ　不適切

　発明Pが職務発明に該当するには，従業者等がした発明であることが必要です。ここで，管理職も従業者等に含まれるため，甲が発明Pを完成したときに営業部の管理職であったとしても，発明Pが職務発明に該当する場合があります。

5.特許出願の手続き

重要Point

- 明細書の発明の詳細な説明は，**当業者が**，その発明を実施できる程度に**明確かつ十分**に記載しなければならない
- **発明の単一性**を満たしていれば，**複数の発明を一つの出願**に含めることができる
- **発明の単一性**とは，二以上の同一の，または対応する特別な技術的特徴を有しており，これらの発明が単一の一般的発明概念を形成するように連関している技術的関係をいう
- 特別な技術的特徴とは，発明の先行技術に対する貢献を明示する技術的特徴をいう
- **国内優先権**の主張を伴う特許出願に関する期間

出願	先の出願日から1年以内
出願公開	先の出願日から1年6カ月を経過したとき
出願審査請求	後の出願日から3年以内
存続期間	後の出願日から20年を経過するまで

学科問題

（40回　学科　問35）

15

　ア～エを比較して，特許出願日の認定に関して，特許出願について補完をすることができる旨の通知がされる場合として，最も**不適切**と考えられるものはどれか。

ア　特許を受けようとする旨の表示が明確でないと認められる場合
イ　特許出願人の氏名又は名称の記載がない場合
ウ　明細書が添付されておらず，先の特許出願を参照すべき旨の主張もない場合
エ　特許出願の手数料が納付されていない場合

解答解説

15

正解: エ

ア 適切

特許出願日の認定に関して，特許を受けようとする旨の表示が明確でないと認められる場合には，特許を受けようとする者に対して，特許出願について補完をすることができる旨が通知されます（特38条の2第2項）。

イ 適切

特許出願日の認定に関して，特許出願人の氏名又は名称の記載がない場合には，特許を受けようとする者に対して，特許出願について補完をすることができる旨が通知されます（特38条の2第2項）。

ウ 適切

特許出願日の認定に関して，明細書が添付されておらず，先の特許出願を参照すべき旨の主張もない場合には，特許を受けようとする者に対して，特許出願について補完をすることができる旨が通知されます（特38条の2第2項）。

エ 不適切

特許出願日の認定に関して，特許出願の手数料が納付されていない場合であっても，特許出願について補完をすることができる旨の通知はなされません（特38条の2第2項）。

16 ～ 19

　スポーツ用品メーカーX社の開発者**甲**は，特殊な形状であるヘッドaと新素材を用いたシャフトbと滑りにくい工夫のされたグリップcからなる，新たなゴルフクラブを発明した。そのゴルフクラブについて特許出願Pの検討をするために，知的財産部の部員**乙**は，特許請求の範囲を作成した。

【特許請求の範囲】
【請求項1】ヘッドaと，シャフトbとを備えるゴルフクラブ。
【請求項2】ヘッドaと，シャフトbと，グリップcとを備えるゴルフクラブ。

　乙が，先行技術調査を行ったところ，ヘッドaを備えるゴルフクラブについては，既に文献Aに記載されていることが判明したが，その他の構成であるシャフトb，グリップcについては，記載された文献は発見できなかった。その後，**乙**は，請求項1のみを記載して2020年10月1日にX社を出願人として特許出願Pを出願した。その出願後に，2019年7月1日に出願され，出願公開されることなく特許出願Pの出願後に設定登録された，発明者を**丙**とするY社の特許Qの特許請求の範囲において，「ヘッドaと，シャフトbとを備えるゴルフクラブ」が記載されていることがわかった。

　以上を前提として，**問16～問19**に答えなさい。

特許法・実用新案法

16 作成した請求項1及び2の記載について，発明の単一性の要件を満たしていると考えられる場合は「○」と，発明の単一性の要件を満たしていないと考えられる場合は「×」と答えなさい。

17 問16において，満たしている又は満たしていないと判断した理由として，最も適切と考えられるものを【理由群Ⅰ】の中から1つだけ選びなさい。

【理由群Ⅰ】

ア 請求項1に係る発明と請求項2に係る発明は同一の特別な技術的特徴を有しており，発明の単一性の要件を満たしているため

イ 請求項1に係る発明と請求項2に係る発明は同一の特別な技術的特徴を有しておらず，発明の単一性の要件を満たしていないため

ウ 請求項1に係る発明と請求項2に係る発明とは発明の効果が相違しており，発明の単一性の要件を満たしていないため

---

18 乙が特許出願Pの出願書類を作成するに際して，文献Aを明細書に記載する必要があると考えられる場合は「○」と，必要はないと考えられる場合は「×」と答えなさい。

19 問18において，必要がある又は必要はないと判断した理由として，最も適切と考えられるものを【理由群Ⅱ】の中から1つだけ選びなさい。

【理由群Ⅱ】

ア 明細書の記載要件として先行技術に関する事項を記載することが求められているが，特許文献以外の場合は記載する必要はないため

イ 明細書の記載要件として先行技術に関する事項を記載することは求められていないので，記載する必要はないため

ウ 明細書の記載要件として先行技術に関する事項を記載することが求められているので，記載する必要があるため

16 　　　　　　　　　正解: ◯（発明の単一性の要件を満たしている）

17 　　　　　　　　　　　　　　　　　　　　　正解: ア

　発明の単一性とは，二以上の発明が同一の又は対応する「特別な技術的特徴」を有していることにより，これらの発明が単一の一般的発明概念を形成するように連関している技術的関係を有していることをいいます（特施規25条の8第1項）。

　本問では，特許請求の範囲の請求項1及び請求項2には，いずれも「ヘッドa」と「シャフトb」が記載されています。ここで，「ヘッドa」を備えるゴルフクラブについては，特許出願Pの出願前にすでに文献Aに記載されていたことから，ヘッドaは「特別な技術的特徴」とはなりえません。一方，「シャフトb」については，特別な技術的特徴を有する発明となりえます。このため，共通する技術的特徴を含む請求項1と請求項2は，発明の単一性の要件を満たすと考えられます。

18

正解: ○（必要がある）

19

正解: ウ

　特許出願を行おうとする発明に関して，出願時に特許出願人がその発明に関連した技術文献を知っている場合には，その技術文献の名称等を明細書に記載しなければなりません（特36条4項2号）。したがって，乙は特許出願Ｐの出願書類を作成するに際して，文献Ａを明細書に記載する必要があると考えられます。

6.特許出願後の手続き

- 特許出願は，原則として**出願日**から**1年6カ月**を経過すると，**公開特許公報**に掲載され**公開**される
- 特許出願人は**出願公開後**から特許権の設定登録がされるまでの期間に，公開された発明を業として**実施**した者に対して，**補償金**の支払いを請求することができる
- 特許出願日から**3年**以内に**出願審査請求**がない場合は，その特許出願は取り下げたものとみなされる
- **補正**が認められると，補正した内容は**出願時**にしたものとみなされる
- **拒絶理由通知**には，**最初の拒絶理由通知**と**最後の拒絶理由通知**があり，最後の拒絶理由通知に対応する場合には，特許請求の範囲に関しては**請求項の削除**，**誤記の訂正**等の限定的な補正しかできない
- 補正は，その補正の前後において，**発明の単一性**の要件を満たしていなければならない

学科問題

20

　ア～エを比較して，他人の特許出願又は特許に関して，最も**不適切**と考えられるものはどれか。

ア　他人の特許に対して，特許異議の申立てをすることにより特許を取り消すことができる。

イ　他人の特許出願に対して，出願審査の請求をすることができる。

ウ　他人の特許出願に対して，その特許出願に係る発明と同一の発明が記載された先行文献を情報提供することはできない。

エ　他人の特許出願に対して，出願公開の請求をすることはできない。

解答解説

20　　　　　　　　　　　　　　　　　　　　　　　**正解: ウ**

ア　適切

　何人も，他人の特許に対して，特許掲載公報の発行日から６カ月以内に特許異議の申立てをして，その特許を取り消すことができます（特113条）。

イ　適切

　特許出願日から３年以内であれば，何人でも出願審査の請求を行うことができます（特48条の３第１項）。したがって，他人の特許出願に対して，出願審査の請求をすることができます。

ウ　不適切

　何人も，他人の特許出願に対して，その特許出願に係る発明と同一の発明が記載された先行文献を提供することにより，その特許出願が特許要件を満たしていない旨の情報を提供することができます（特施規13条の２第１項）。

エ　適切

　出願公開の請求は，その特許出願人のみが行うことができます（特64条の２第１項）。したがって，他人の特許出願に対して，出願公開の請求をすることはできません。

21

　ア～エを比較して，特許出願の願書に添付した明細書，特許請求の範囲又は図面の補正に関して，最も**不適切**と考えられるものはどれか。

ア　最後の拒絶理由通知を受けた場合には，特許請求の範囲に関しては請求項の削除等を目的とした所定の補正しかすることができない。

イ　最初の拒絶理由通知を受ける前においては，願書に最初に添付した明細書，特許請求の範囲又は図面に記載した事項の範囲内で明細書の補正をすることができる。

ウ　補正が認められると，補正をした内容は出願時に遡って効力を生じる。

エ　最後の拒絶理由通知を受けた場合には，当該拒絶理由通知を受けた時の明細書，特許請求の範囲又は図面に記載した事項の範囲内に限り明細書の補正をすることができる。

解答解説

21 正解: エ

ア 適切

最後の拒絶理由の通知がなされた後は，特許請求の範囲に関しては，請求項の削除等を目的とした所定の補正しか行うことができません（特17条の2第5項各号）。

イ 適切

最初の拒絶理由の通知がされる前においては，願書に最初に添付した明細書等に記載された事項の範囲内で明細書の補正を行うことができます（特17条の2第3項）。

ウ 適切

補正をした内容は，出願時にさかのぼって効力を生じます。

エ 不適切

最後の拒絶理由の通知がされた場合，明細書に関しては，「拒絶理由通知を受けた時の明細書等」ではなく，「願書に最初に添付した明細書等」に記載された事項の範囲内において補正を行うことができます（特17条の2第3項）。

22 ～ 27

　文房具メーカーX社は，技術者**甲**が独自に創作した新しい形状のステープラに関する発明Aについて，10カ月前に特許出願Pをした。発明Aを用いたステープラの発売時期は来年である。**甲**がX社の知的財産部の部員**乙**に特許出願Pについて質問したところ，**乙**は発言1をした。

発言1　「発明Aを用いたステープラの発売時期は来年ですから，特許出願Pについて出願審査請求をし，さらに所定の手続をすることにより，出願公開前であっても早期審査制度を利用することができます。早期審査制度により，出願審査請求順によらず，早期に審査官による審査を受けることができます。」

　さらに，**甲**は，特許出願Pの出願後であって出願審査請求前に，発明Aに関連する発明Bを完成した。特許出願Pの出願時における特許請求の範囲，明細書及び図面のいずれにも発明Bは記載されていなかった。発明Bについて，**乙**は発言2をした。

発言2　「特許出願Pは出願日から10カ月しか経っておらず，出願審査請求はされていません。発明Aと発明Bとは，発明の単一性を満たす関係にあるので，新たに特許出願をすることなく，発明Bを補正により特許出願Pの明細書に追加して記載することが可能です。」

　その後，特許出願Pに対して拒絶理由通知がされた。この拒絶理由通知について，**乙**は発言3をした。

発言3　「発明Aに係る製品は他社とは明確に差別化できるわが社のオリジナル製品ですので，是非とも権利化しておきたいものです。発明Aはステープラの形状に係る発明ですので，特許出願Pを実用新案登録出願に変更しましょう。」

　以上を前提として，**問22～問27**に答えなさい。

22 発言1について，適切と考えられる場合は「○」と，不適切と考えられる場合は「×」と答えなさい。

23 問22において，適切又は不適切であると判断した理由として，最も適切と考えられるものを【理由群Ⅰ】の中から1つだけ選びなさい。

【理由群Ⅰ】

ア 早期審査制度を利用するためには，出願公開されていることが必要なため

イ 出願人が既に実施している場合には早期審査制度を利用できるが，その他の場合は，審査は出願審査請求順に行われるため

ウ 出願人自身が2年以内に実施予定があり，早期審査制度を利用できるため

---

24 発言2について，適切と考えられる場合は「○」と，不適切と考えられる場合は「×」と答えなさい。

25 問24において，適切又は不適切であると判断した理由として，最も適切と考えられるものを【理由群Ⅱ】の中から1つだけ選びなさい。

【理由群Ⅱ】

ア 補正により特許出願Pの明細書に発明Bを記載することは，新規事項の追加となり，特許出願Pの明細書に追加できないため

イ 発明Aと発明Bが発明の単一性を満たす場合，既に審査に係属していなければ発明Bが新規事項であっても補正により特許出願Pの明細書に追加できるため

ウ 出願審査請求前であれば，補正の際に所定の手続をすることにより発明Bを特許出願Pの明細書に追加できるため

---

26 発言3について，適切と考えられる場合は「○」と，不適切と考えられる場合は「×」と答えなさい。

27 問26において，適切又は不適切であると判断した理由として，最も適切と考えられるものを【理由群Ⅲ】の中から1つだけ選びなさい。

【理由群Ⅲ】

ア 特許出願から実用新案登録出願への出願変更が認められているため

イ 拒絶理由通知から所定の期間内に限り，特許出願から実用新案登録出願へ出願変更できるため

ウ 既に出願から10カ月経過しており，特許出願から実用新案登録出願へ出願変更できないため

解答解説

22
正解: ○（適切）

23
正解: ウ

　特許出願の審査は，その特許出願についての出願審査の請求を待って行われます（特48条の2）。また，外国に出願したり，2年以内に実施する予定があるなど，所定の条件を満たす特許出願であれば，早期審査制度を利用することができ，出願審査請求順によらず，早期に審査官による審査を受けることができます（特許庁HP：特許出願の早期審査・早期審理のガイドライン）。

　本問の場合には，特許出願Pについて出願審査請求をし，さらに事情説明書を作成して手続きすることにより，出願公開前であっても早期審査制度を利用することができます。

24
正解: ×（不適切）

25
正解: ア

　補正は，その特許出願の願書に最初に添付した明細書，特許請求の範囲又は図面に記載した事項の範囲内でしなければなりません（特17条の2第3項）。

　本問の場合，発明Bは，特許出願Pの出願時における特許請求の範囲，明細書及び図面のいずれにも記載されていないので，補正により特許出願Pの明細書に発明Bを記載することは，新規事項の追加となり，認められません。

26
正解: ○（適切）

27
正解: ア

　特許出願人は，その特許出願についての最初の拒絶査定の謄本送達日から3カ月を経過した後，又はその特許出願日から9年6カ月を経過した後でなければ，その特許出願を実用新案登録出願に変更することができます（実10条1項）。

　本問の場合，特許出願Pについて拒絶査定を受けておらず，また，特許出願の日から9年6カ月を経過する前であるので，特許出願Pを実用新案登録出願に変更することができます。

7.特許査定と拒絶査定

重要Point

- 特許査定の**謄本送達日**から**30日以内**に**特許料**を**納付**しなければ，その特許出願は**却下**される
- 拒絶査定に不服がある場合には，**拒絶査定の謄本送達日から3カ月以内**に**拒絶査定不服審判**を請求することができる
- 拒絶査定不服審判の請求と同時に，明細書，特許請求の範囲または図面の**補正**を行った場合は，拒絶査定をした審査官により再度審査が行われる
- 拒絶査定不服審判の拒絶審決に対しては，**東京高等裁判所（知的財産高等裁判所）**に**審決取消訴訟**を提起することができる
- 拒絶査定の謄本送達日から3カ月以内であれば，拒絶査定不服審判を請求することなく，**分割出願**を行える

学科問題

28

　ア～エを比較して，特許法に規定する手続に関して，最も**不適切**と考えられるものはどれか。

ア　特許査定の謄本の送達日から30日を経過した後であっても，特許権の設定登録料を納付できることがある。

イ　特許査定の謄本の送達後に納付する特許権の設定登録料は，第1年から第3年までの各年分の特許料である。

ウ　特許査定の謄本の送達後は，特許権の設定登録料の納付前であっても，明細書について補正をすることはできない。

エ　特許査定の謄本の送達後に，特許権の設定登録料の納付が所定の期間内にされない場合は，そのことを理由として特許査定が取り消され，拒絶査定とされる。

解答解説

28　　　　　　　　　　　　　　　　　　　　　　　　**正解: エ**

ア　適切

設定登録料の納付期間は，納付すべき者の請求，もしくは特許料を納付する者がその責めに帰することができない理由により納付することができないときは延長することができます（特108条3項，4項）。

イ　適切

特許査定を受けた後には，特許査定の謄本が送達された日から30日以内に，特許権の設定登録料として，第1年から第3年分の特許料を納付することが必要です（特66条，108条1項）。

ウ　適切

原則として，特許出願人は，特許査定の謄本の送達前であれば，明細書を補正することができます（特17条の2第1項）。つまり，特許査定の謄本の送達後には，特許料納付前であっても，明細書を補正することはできません。

エ　不適切

特許査定の謄本の送達後に，特許料の納付が所定の期間内にされない場合は，その特許出願は却下されます（特18条1項）。

8.特許権の管理と活用

- 特許権の存続期間は，**特許出願の日**から**20年**をもって終了する。ただし，医薬品等の場合や，特許の付与時期が遅延した場合には，**存続期間を延長**することができる
- 特許権を4年目以降も維持するためには，**前年中**に特許料を納付しなければならない
- 4年目以降の特許料の納付期限の経過後であっても**6カ月以内**であれば，倍額支払うことを条件に，**追納**することができる
- 特許権侵害は，原則として，**特許請求の範囲**の各請求項において，**構成要素**として記載されたもののすべてが侵害対象物に含まれている場合に成立する
- **専用実施権**は特許庁に**登録**しないと効力は発生しないが，**通常実施権**は当事者間の**契約**のみで効力が発生する
- 特許権が**共有**の場合は，他の共有者の**同意**を得なければ，専用実施権の設定や通常実施権の許諾をすることはできない
- 特許権の譲渡は，特許庁に**移転の登録**をしなければ効力が発生しない

学科問題

29

（38回　学科　問27）

ア～エを比較して，特許権の設定登録を受けるための特許料の納付に関して，最も適切と考えられるものはどれか。

ア 特許料の納付にかかわらず，特許査定の謄本の送達日から30日以内に特許権の設定登録がされる。

イ 特許料の納付の期限は特許査定の謄本の送達日から30日以内が原則であるが，30日間だけ納付期限を延長することができる。

ウ 特許料の納付の期限は特許公報の発行日から30日以内が原則であるが，30日間だけ納付期限を延長することができる。

エ 特許料を納付する際には第1年分の特許料が必要である。

特許法・実用新案法

解答解説

29   **正解: イ**

ア　不適切

　特許査定の謄本の送達日から30日以内に第1年から第3年までの各年分の特許料を納付した場合に，特許権の設定登録がされます(特66条2項)。

イ　適切

　特許権の設定登録を受けるための特許料は，原則として，特許査定の謄本の送達日から30日以内に納付する必要がありますが(特108条1項)，特許料を納付すべき者の請求により，30日間だけ納付期限を延長することができます(特108条3項)。

ウ　不適切

　特許権の設定登録のための特許料は，特許公報の発行日からではなく，特許査定の謄本の送達日から30日以内に納付することが必要です(特108条1項)。なお，上述イのとおり，30日間だけ納付期限を延長することができます。

エ　不適切

　特許権の設定登録を受けるためには，第1年から3年までの各年分の特許料を納付することが必要です(特66条2項)。

30

　ア～エを比較して，特許権に係る実施権に関して，最も**不適切**と考えられるものはどれか。

ア　通常実施権が許諾された場合には，当該通常実施権は，登録しなくても効力が発生する。

イ　特許権者は，通常実施権を許諾した後で特許権を放棄するときには，その通常実施権者の承諾を得なければならない。

ウ　特許権者は，2人以上の異なる者に対して設定範囲が重複した複数の専用実施権の設定をすることができない。

エ　専用実施権は，特許権者の承諾を得た場合には，移転することができる。

解答解説

30   正解: **イ**

ア　適切

　通常実施権の許諾は，特許庁に登録しなくても有効なものと認められますので，登録は必要ありません。

イ　不適切

　特許権者は，通常実施権者の承諾を得なくても，通常実施権を許諾した後で特許権を放棄することができます（特97条1項）。

ウ　適切

　専用実施権とは，設定した範囲内で特許発明を独占排他的に実施することができる権利です（特77条2項）。したがって，2人以上の異なる者に設定範囲が重複した複数の専用実施権の設定をすることはできません。

エ　適切

　専用実施権者は，実施の事業とともにする場合，特許権者の承諾を得た場合又は相続その他の一般承継の場合には，専用実施権を他人に移転することができます（特77条1項）。

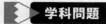

31 （34回　学科　問22）

　ア〜エを比較して，特許権における先使用に基づく通常実施権に関して，最も**不適切**と考えられるものはどれか。

ア　この権利は，特許出願の際現にその発明の実施である事業を開始していなければ認められない。

イ　この権利は，特許権者の承諾を得なくても認められる。

ウ　特許出願に係る発明の内容を知らないで自らその発明をした場合だけでなく，特許出願に係る発明の内容を知らないでその発明をした者から知得した場合にも，この権利が認められることがある。

エ　この権利に基づいて特許発明を実施する場合は，特許権者に対価を支払う必要はない。

解答解説

特許出願に係る発明の内容を知らないで自らその発明をし，又は特許出願に係る発明の内容を知らないでその発明をした者から知得して，特許出願の際現に，日本国内においてその発明の実施である事業をしている者，又はその事業の準備をしている者は，その実施又は準備をしている発明及び事業の目的の範囲内において，その特許出願に係る特許権について通常実施権（いわゆる先使用に基づく通常実施権）を有します（特79条）。

ア　不適切

特許出願の際現に，その発明の実施である事業を開始している場合だけではなく，その発明の実施である事業の準備をしている場合にも，先使用に基づく通常実施権が認められることがあります。

イ　適切

先使用に基づく通常実施権は，上記の要件を満たせば、特許権者の承諾を得なくても認められます。

ウ　適切

発明の内容を知らないでその発明をした者から知得した場合にも，先使用に基づく通常実施権が認められることがあります。

エ　適切

先使用に基づく通常実施権に基づいて特許発明を実施する場合は，特許権者に対価を支払う必要はありません。

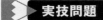

32

　眼鏡メーカーX社は，特許発明P「新規な合金aを用いて軽量化したフレームと無色透明なレンズbを有する眼鏡」に係る特許権を有している。眼鏡メーカーY社が，合金aを用いて軽量化したフレームに色つきのレンズcを装着した眼鏡Qの製造販売を開始していることがわかった。**ア～エ**を比較して，X社の考えとして，最も**不適切**と考えられるものはどれか。

ア　眼鏡Qが，特許発明Pの特許出願時における公知技術と同一又はその公知技術から当業者が容易に推考できたか否かは，Y社の侵害行為を認定するにあたり，重要な判断要素となる。

イ　特許発明Pのレンズbを眼鏡Qのレンズcに置き換えることについて，眼鏡Qの製造技術分野における通常の知識を有する者が，特許発明Pの特許出願時に容易に想到できたものであるか否かは，Y社の侵害行為を認定するにあたり，重要な判断要素となる。

ウ　特許発明Pの特許出願手続において，眼鏡Qを特許請求の範囲から意識的に除外したか否かは，Y社の侵害行為を認定するにあたり，重要な判断要素となる。

エ　特許発明Pのレンズbを眼鏡Qのレンズcに置き換えて同一の作用効果を奏するか否かは，Y社の侵害行為を認定するにあたり，重要な判断要素となる。

特許法・実用新案法

解答解説

32 正解: イ

　他人が実施する製品に特許発明の構成と相違する部分があったとしても，一定の条件を満たす場合には「均等論」が適用され，特許発明の技術的範囲に属するものとして扱われ，特許権侵害として訴えることができます（最高裁　平成10年2月24日　第三小法廷判決）。

ア　適切

　均等論の適用要件として，他人の実施品が特許発明の出願時における公知技術と同一又は当業者が公知技術から容易に推考できたものではないことが必要となります。したがって，眼鏡Qが，特許発明Pの特許出願時における公知技術と同一又は当業者が容易に推考できたか否かは，Y社の侵害行為を認定する上で重要な判断要素となります。

イ　不適切

　均等論の適用要件として，特許発明の構成要素を他人の実施品の構成要素に置き換えることについて，その技術分野における通常の知識を有する者が，他人の実施品の製造等の時点で容易に想到できることが必要となります。したがって，Y社の侵害行為を認定する上で，特許発明Pのレンズbを眼鏡Qのレンズcに置き換えることが容易に想到できたものであるかは，特許出願Pの特許出願時ではなく，眼鏡Qの製造時を基準として判断することになります。

ウ　適切

　均等論の適用要件として，特許発明の出願手続において他人の実施品の構成が意識的に特許請求の範囲から除外されていないことが必要となります。したがって，特許発明Pの特許出願手続において，眼鏡Qを特許請求の範囲から意識的に除外したか否かは，Y社の侵害行為を認定する上で重要な判断要素となります。

エ　適切

　均等論の適用要件として，特許発明の構成を他人の実施品の構成に置き換えたときに同一の作用効果を奏することが必要となります。したがって，特許発明Pのレンズbを眼鏡Qのレンズcに置き換えて同一の作用効果を奏するか否かは，Y社の侵害行為を認定する上で重要な判断要素となります。

9.特許権の侵害と救済

重要Point

- 先に出願された他人の特許発明を利用した発明について，特許権を取得した場合は，先願の特許権者から**許諾**を得なければ，自己の特許権であっても**実施**することはできない
- 特許法では，**損害賠償請求**において，侵害者に過失があったものと**推定**する規定があるため，特許権者が故意，過失を立証する必要はない
- **特許異議の申立て**は，**誰でも**することができるが，**共同出願違反や冒認出願**について申立てることはできない
- 特許異議の申立ては，特許掲載公報の発行日から**6カ月以内**にすることができる
- **特許無効審判**は，原則として**利害関係人**でなければ請求することができない
- 特許異議の申立ての取消決定や特許無効審判の無効審決が確定した場合は，その特許権は**初めから存在しなかった**ものとみなされる
- 特許権者は特許権の設定登録後に，明細書や特許請求の範囲，図面を自ら訂正するために，**訂正審判**を請求することができる

学科問題

33

　ア～エを比較して，特許権が侵害された場合の損害賠償請求に関する説明として，最も適切と考えられるものはどれか。但し，専用実施権は設定されていないものとする。

ア 損害賠償額として実施料相当額以上の金額を請求することはできない。

イ 侵害者がその侵害の行為により利益を受けているときは，その利益の額は，特許権者が受けた損害の額と推定される。

ウ 侵害者がその侵害の行為を組成した物を譲渡したときは，その譲渡した物の数量に，特許権者がその侵害の行為がなければ販売することができた物の単位数量あたりの利益の額を乗じて得た額が，特許権者が受けた損害の額となる。

エ 損害賠償を請求する場合，特許権者は侵害者の故意又は過失を立証する必要がある。

解答解説

33

ア　不適切

　特許権が侵害された場合の損害賠償額として実施料相当額の金額を請求することができます（特102条3項）。また，実施料相当額を超える額の金額を請求することもできます（特102条5項）。

イ　適切

　特許権が侵害された場合，侵害者がその侵害の行為により利益を受けているときは，その利益の額は，特許権者が受けた損害の額と推定されます（特102条2項）。

ウ　不適切

　侵害者がその侵害の行為を組成した物を譲渡したとき，その譲渡した物の数量（譲渡数量）に，特許権者がその侵害の行為がなければ販売することができた物の単位数量あたりの利益の額を乗じて得た額を，特許権者が受けた損害の額とすることができますが，必ずその額になるわけではありません（特102条1項1号）。

　例えば，譲渡数量が，特許権者の実施能力に応じた数量を超えている場合には，超えた分の数量が譲渡数量から差し引かれ，特許権者が実施することができない事情がある場合には，当該事情に相当する数量が譲渡数量から控除されます。

エ　不適切

　特許権の侵害行為に対して損害賠償を請求する場合，侵害者は，その侵害行為について過失があったものと推定されるので（特103条），特許権者は侵害者の故意又は過失を立証する必要はありません。

34

　ア～エを比較して，特許権を侵害しているとの警告書を受け取った場合の対応に関して，最も**不適切**と考えられるものはどれか。

ア　その特許権について，自社が実施権を有していないかどうかを調査する。

イ　自社の実施に係る技術が警告書を送付した者の特許権に係る特許発明の技術的範囲に属するか否かを検討する。

ウ　警告書を送付した者が現在も真の特許権者であるか否かを，特許公報の写しを入手して確認する。

エ　特許を特許無効審判又は特許異議申立てにより消滅させるため，審査段階で発見されなかった新規性や進歩性を否定する海外の先行技術文献を調査する。

解答解説

34 正解: ウ

ア 適切

先使用権（特79条）等の実施権を保有していれば，特許発明を実施していても，その特許権を侵害する行為に該当しません。特許権者から警告を受けた場合に，自社が実施権を有していないかどうかを調査することは適切です。

イ 適切

特許権の権利範囲は，願書に添付された特許請求の範囲により定められます（特70条1項）。つまり，自社の実施がその特許発明の技術的範囲に属さなければ，権利侵害には該当しないため，警告の基礎となった特許発明の技術的範囲に属するか否かを検討する必要があります。

ウ 不適切

特許掲載公報には，設定登録時における特許権者の情報が掲載されています。一方，設定登録後の特許権の譲渡や消滅については，特許掲載公報ではなく特許原簿に掲載されます。したがって，警告書を送付した者が現在の真の特許権者であるか否かを，特許原簿で確認する必要があります。

エ 適切

審査の段階で見つからなかった新規性や進歩性を否定する資料があれば，特許異議の申立てや特許無効審判を請求することができます（特113条，123条）。特許異議の申立てや特許無効審判の請求が認められれば，その特許権は初めから存在しなかったものとみなされるため（特114条3項，125条），結果として権利侵害を免れることができます。なお，新規性や進歩性の有無は，日本だけでなく，世界のいずれかの国で知られているかどうかに基づいて判断されるので（特29条1項1～3号），海外の先行技術文献を発見することで特許を無効とすることができます。

35

　ア～エを比較して，特許無効審判の請求に関して，最も**不適切**と考えられるものはどれか。

ア　複数の者は共同で，特許無効審判を請求することができる。

イ　利害関係を有する者は，特許無効審判に請求人として，その審判に参加することができる。

ウ　利害関係を有しない法人や自然人であっても，新規性を理由とする特許無効審判を請求することができる。

エ　特許無効審判により，無効審決が確定すると，原則として，特許権は初めから存在しなかったものとみなされる。

解答解説

35

ア　適切

　同一の特許権について特許無効審判を請求する者が複数いるとき，これらの者は共同で，特許無効審判を請求することができます（特132条1項）。

イ　適切

　ある特許権について利害関係を有する者（利害関係人）は，その特許権について請求された特許無効審判に，請求人として参加することができます（特123条2項,132条，148条1項）。

ウ　不適切

　冒認出願や共同出願違反以外の無効理由で特許無効審判を請求することができるのは，利害関係人に限られます（特123条2項）。したがって，利害関係を有しない法人や自然人は，新規性を理由とする特許無効審判を請求することができません。

エ　適切

　特許無効審判により無効審決が確定した場合，一定の無効理由に該当する場合を除き，特許権は初めからなかったものとみなされます（特125条）。

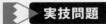

36

　電子部品メーカーX社は，プリント基板Aに関する特許権Pを有し，プリント基板Aの製造販売をしている。X社の知的財産部の部員**甲**は，他社が販売しているプリント基板を調査したところ，Y社のプリント基板Bで特許権Pに係る特許発明が実施されていることが判明したため，差止請求訴訟，損害賠償請求訴訟を提起することを検討している。**ア〜エ**を比較して，**甲**の発言として，最も適切と考えられるものはどれか。

ア　「Y社が過失により特許権Pを侵害していることを立証する責任はわが社にありますので，早急に証拠を収集しましょう。」

イ　「Y社に対する特許権Pについての侵害行為に対する損害賠償が認められた場合，Y社に対して刑事罰の適用はありません。」

ウ　「Y社に対しては，わが社が受けた損害の額として，特許権Pに係る特許発明の実施料相当額以上を請求することはできません。」

エ　「Y社のプリント基板Bの販売差止めだけでなく，Y社の倉庫内のプリント基板Bの廃棄も請求しましょう。」

解答解説

36   正解: エ

ア 不適切

　特許法では，他人の特許権又は専用実施権を侵害した者は，その侵害行為について過失があったものと推定する規定が設けられているため（特103条），X社が侵害の故意又は過失を立証する必要はありません。

イ 不適切

　損害賠償の請求が認められた場合であっても，特許権の侵害者には刑事罰として10年以下の懲役もしくは1,000万円以下の罰金，又はこれらが併科される罰則が適用されます（特196条）。

ウ 不適切

　特許権侵害による損害賠償額として，その特許発明の実施料相当額を請求することができます（特102条3項）。しかし，特許発明の実施料相当額を請求できるとの規定は，特許権侵害による損害賠償額の最低ラインとして規定されているものであり，実施料相当額を超える損害賠償額の請求をすることも可能です（特102条5項）。

エ 適切

　特許権者又は専用実施権者は，侵害者に対してその侵害行為の停止を請求することができます（特100条1項）。また，侵害行為によって製造された侵害品の廃棄を請求することができます（特100条2項）。

37

　空調機メーカーX社は，自社の特許権Pを侵害する製品を製造している疑いのあるY社に対して，特許権Pの行使を検討している。**ア〜エ**を比較して，X社の知的財産部の部員の考えとして，最も**不適切**と考えられるものはどれか。

ア　Y社が，特許権Pを故意又は過失により侵害していることを立証するための証拠を収集する。

イ　Y社の製品の発売日と特許権Pに係る特許出願の出願日との関係を調査する。

ウ　特許権Pを侵害する疑いのあるY社の製品を特定するための調査をする。

エ　Y社の製品を購入して，弁理士に侵害の成否についての鑑定を依頼する。

解答解説

37 　　　　　　　　　　　　　　　　　　　　　　　　正解: **ア**

ア　不適切

　特許権を侵害した者は，その侵害行為について過失があったものと推定されます（特103条）。したがって，特許権Pを行使するにあたり，相手方の侵害行為が故意又は過失でされたことを立証する必要はありません。

イ　適切

　特許権に係る特許出願の出願日よりも前に，その特許出願に係る発明を実施する者に対しては，先使用権（特79条）が認められ，特許権の行使に対抗されてしまいます。また，先使用権が認められる場合には，その特許出願に係る発明が新規性を備えていないため，特許無効審判（特123条）が請求されたり，特許権の行使が制限される可能性があります（特104条の3）。そのため，特許権Pを行使するにあたり，Y社の製品の発売日と特許権Pに係る特許出願の出願日との関係を調査する必要があります。

ウ　適切

　特許権は，特許権に係る特許発明の構成要件をすべて含んでいる製品を製造や販売している行為に対して行使することができます（特68条，70条1項）。したがって，特許権Pを行使するにあたり，当該特許権を侵害する疑いのあるY社の製品を特定するために調査を行う必要があります。

エ　適切

　侵害の対象となる製品が自社の特許権を侵害しているか否かの判断は，高度な専門的知識を必要とします。そのため，特許権Pを行使するにあたり，Y社の製品が特許権Pを侵害するものであるか否かについて，専門的知識を有する弁理士の鑑定を依頼することは有用です。

38

　X社は，電子辞書Aを販売したところ，Y社から警告を受けた。警告の内容は，X社の電子辞書Aの販売行為がY社の特許権Pを侵害している旨であった。X社は，特許権Pに係る特許公報を確認した結果，電子辞書Aが特許権Pに係る特許発明の構成要件をすべて備えていると判断した。**ア～エ**を比較して，X社の考えとして，最も**不適切**と考えられるものはどれか。

ア　電子辞書Aは，Y社が製造しW社に販売した製品を，X社がW社から仕入れて販売したものであり，特許権Pは消尽している旨を回答する。

イ　特許権Pの出願経過を参照したところ，特許請求の範囲から電子辞書Aを除外する旨が記載された意見書を提出し，登録されたことが判明した。この意見書における主張に基づいて，電子辞書Aは特許権Pの権利範囲には含まれない旨を回答する。

ウ　X社は，特許権Pに係る特許出願の日前に独自に発明を完成させて電子辞書Aの販売の準備をしていたので，先使用権を有すると主張し，Y社に対して先使用権に基づいて電子辞書Aを実施するための実施料を支払う必要がある。

エ　特許権Pに取消理由が存在する場合には，その旨をY社に回答し，特許掲載公報の発行日から6カ月以内に特許異議の申立てを行う。

解答解説

38   正解: **ウ**

ア　適切

　特許権者が正当に特許製品を販売等した時点で，その特許製品についての特許権はその目的を達したとして，その後にその製品を実施する行為には，特許権の効力が及びません。これを特許権の消尽といいます。本問では電子辞書AをW社が購入した時点で，Y社の特許権Pの目的は達せられるため，X社が製品Aを販売する行為は特許権の侵害に該当しません。

イ　適切

　特許権Pが特許請求の範囲から電子辞書Aを除外する意見書を提出し，登録されていた場合，これを後の侵害訴訟で翻すことはできません（禁反言の原則）。したがって，X社が販売している電子辞書Aは，特許権Pの権利範囲には含まれないと回答することができます。

ウ　不適切

　他人の特許発明と同じ発明を自ら行い，その他人の特許出願の日前から特許発明に係る製品を製造，又はその事業の準備をしていた場合には，先使用権が発生します（特79条）。先使用権は，公平の原則に基づき先使用者を保護するものであるため，特許権者に対して実施料を支払う必要はありません。

エ　適切

　警告に係る特許権に取消理由が存在する場合には，その旨を警告者に回答し，特許掲載公報の発行日から6カ月以内に特許異議の申立てを行います（特113条）。特許異議の申立てにより取消決定が確定した場合には，警告に係る特許権が遡及消滅するので（特114条3項），特許権侵害が成立しなくなります。

39　　　　　　　　　　　　　　　　　　　　　　　（37回　実技　問23）

　硝子メーカーX社が新製品のディスプレイ用ガラスの販売を開始したところ，特許管理会社Y社からX社に，Y社の有する特許権Pを侵害するとして警告書が届いた。**ア～エ**を比較して，X社の知的財産部の部員の発言として，最も適切と考えられるものはどれか。

ア　「特許権Pに対して特許無効審判を請求しようと考えています。但し，既に特許侵害訴訟が提起された場合には，特許無効審判を請求することはできません。」

イ　「他のメーカーにも同じような警告書が届いているようですので，他社と共同で特許権Pに対して特許無効審判を請求することもできます。」

ウ　「特許権Pに対する特許異議の申立ては，利害関係人に限りすることができます。今回警告書が届いたことで利害関係が生じたため，X社が特許異議の申立てを行うことは可能です。」

エ　「特許権Pには明らかに無効理由がありますが，Y社が特許侵害訴訟を提起した場合には，その訴訟においては，特許権Pは無効理由を有するものであり権利行使が制限される旨を主張することはできません。」

解答解説

39   正解: **イ**

ア 不適切

特許無効審判は，特許権の設定登録後であれば，いつでも請求することができます（特123条3項）。したがって，特許侵害訴訟が提起された後であっても，特許無効審判を請求することができます。

イ 適切

同一の特許権について特許無効審判を請求する者が2人以上あるときは，共同して特許無効審判を請求することができます（特132条1項）。

ウ 不適切

特許異議の申立ては，利害関係人に限らず何人でもすることができます。なお，特許異議の申立ては，特許掲載公報の発行の日から6カ月以内にしなければなりません（特113条）。

エ 不適切

特許侵害訴訟において，当該特許が特許無効審判により無効にされるべきものと認められるときは，特許権者は，相手方に対してその権利を行使することができません（特104条の3第1項）。したがって，特許侵害訴訟を提起された場合に，対象となる特許権Pが無効理由を有するものである旨の主張を行うことは有効な手段です。

10.実用新案法

- **実用新案法**の保護対象は, 物品の形状, 構造または組合せに係る**考案**であって, **方法の考案**は保護対象ではない
- 実用新案登録出願では, 実用新案登録を受けるための要件を満たしているかどうかの**実体的**な**審査**は行われない
- 実用新案権を行使するには, **実用新案技術評価書**を**提示**して**警告**しなければならない

意匠法

11.意匠法の保護対象と登録要件

- **意匠**とは，**物品**(物品の**部分**を含む)の**形状**，**模様**もしくは**色彩**もしくはこれらの**結合**，**建築物の形状等**または**画像**であって，**視覚**を通じて**美感**を起こさせるものである
- **物品**とは，市場で流通する形のある**動産**をいい，土地や不動産は物品に該当しない
- **モニター画面に表示する画像**であっても，物品の操作用に供される画像であって，当該物品またはこれと一体として用いられる物品に表示されるものは意匠に含まれる
- 先願意匠の調査には，**日本意匠分類**や**Dターム**などの分類を利用することができる

学科問題

40

（41回　学科　問12）

　ア～エを比較して，意匠登録を受けられる可能性が高いものとして，最も適切と考えられるものはどれか。

ア　物品の機能を確保するために不可欠な形状のみからなる意匠

イ　意匠登録出願前に日本国内において公然知られた意匠から当業者が容易に創作できる意匠

ウ　意匠登録を受ける権利を有する者の行為に起因して意匠登録出願の5カ月前に公表された意匠

エ　先願に係る他人の登録意匠に類似する意匠

解答解説

40　　　　　　　　　　　　　　　　　　　　　　　　　　正解: **ウ**

ア　不適切

　物品の機能を確保するために不可欠な形状のみからなる意匠は，他の登録要件を満たす場合であっても，意匠登録を受けることができません（意5条3号）。

イ　不適切

　意匠登録出願前に日本国内又は外国において公然知られ，頒布された刊行物に記載され，又は電気通信回線を通じて公衆に利用可能となった形状等又は画像に基づいて容易に創作をすることができた意匠については，意匠登録を受けることができません（意3条2項）。

ウ　適切

　意匠登録を受ける権利を有する者の行為に起因して新規性を喪失した場合であっても，その意匠が公知となった日から1年以内に，新規性喪失の例外規定の適用を受けて意匠登録出願をすることにより，意匠登録を受けることができる場合があります（意4条2項）。

エ　不適切

　同一又は類似の意匠について，異なった日に二以上の意匠登録出願があった場合は，最先の意匠登録出願人のみがその意匠について，意匠登録を受けることができます（意9条1項）。したがって，先願に係る他人の登録意匠に類似する意匠は，意匠登録を受けることができません。

41

　家具メーカーX社は，椅子Aを新たに販売しようとしている。**ア～エ**を比較して，X社の知的財産部の部員の考えとして，最も適切と考えられるものはどれか。

ア　椅子Aは，森林を意識したデザインコンセプトが採用されており，更に，そのデザインコンセプトを他の家具にも適用する予定なので，そのデザインコンセプトのアイデアについて意匠登録出願をすることとした。

イ　椅子Aは，その一部である肘掛けの形状が特徴的なので，その肘掛けについて意匠登録出願をすることとした。

ウ　同時に販売する予定の椅子Aを含む複数の種類の椅子は，それぞれのデザインに統一感はないが，椅子として同一物品であるので，これら複数の種類の椅子を組物の意匠として意匠登録出願をすることとした。

エ　椅子Aは，背もたれに施された色の組合せが特徴的で，この色の組合せは，他の種類の椅子にも用いることができるので，この色の組合せそのものについて意匠登録出願をすることとした。

解答解説

41 　　　　　　　　　　　　　　　　　　　　　　　**正解：イ**

ア　不適切

　物品と形態とは一体不可分であることから，デザインコンセプトのアイデアは，意匠法上の意匠とは認められません。したがって，森林を意識したデザインコンセプトのアイデアについて意匠登録出願をすることはできません。

イ　適切

　物品の独創的で特徴ある部分に係る意匠について，部分意匠として出願することで意匠登録を受けることができます（意2条1項かっこ書）。したがって，椅子Aの特徴的な肘掛けの形状について，部分意匠として意匠登録出願をすることができます。

ウ　不適切

　物品に係る意匠は，組物全体として統一があるときは，一意匠（組物の意匠）として出願し，意匠登録を受けることができます（意8条）。しかし，X社が同時に販売する予定の複数の椅子は，同時に使用される二以上の物品ではなく，組物全体としての統一感もないことから，組物の構成要件を満たしません。したがって，椅子を組物の意匠として意匠登録出願をすることはできません。

エ　不適切

　意匠法の保護対象である意匠は，物品の形状，模様もしくは色彩又はこれらの結合であって，視覚を通じて美感を起こさせるものと規定されています（意2条1項）。物品と形態とは一体不可分であることから，物品を離れた形態のみの創作である模様や色彩のみの創作は，意匠とは認められません（意匠審査基準　第Ⅲ部　第1章　2.1）。したがって，椅子Aの色の組合せそのものについて意匠登録出願をすることはできません。

12.意匠登録を受けるための手続き

- 意匠登録出願をする際，**願書**には，出願人や創作者の氏名および意匠に係る**物品**を記載しなければならない
- 意匠登録出願は，原則として，経済産業省令に定めるところにより，意匠ごとにしなければならない。これを，**一意匠一出願の原則**という
- 意匠法の**職務創作**の規定は，特許法の職務発明とほぼ同一の内容で規定されている
- 意匠登録出願では，設定登録後に発行される**意匠公報**によりはじめて意匠が**公開**される
- 意匠登録出願において，**補正**が却下された場合は，その補正却下決定の**謄本送達日から3カ月以内**に，**補正却下決定不服審判**を請求することができる
- **特殊**な意匠登録出願には，**部分意匠**，**動的意匠**，**組物の意匠**，**関連意匠**，**内装の意匠**，**秘密意匠**がある

学科問題

42

　ア〜エを比較して，意匠登録出願に関して，最も適切と考えられるものはどれか。

ア　意匠は図面によって具体的に特定されるので，拒絶理由通知に対して手続補正書を提出して図面を修正しても，意見書によりその修正について説明をすれば，要旨を変更するものであるとしてその補正が却下されることはない。

イ　1つの物品に対して，部分意匠と全体意匠の2つの意匠登録を受けるためには，同一の出願人が同日に，両意匠について意匠登録出願をしなければならない。

ウ　意匠登録出願は，意匠登録出願の日から1年6カ月を経過したときに出願公開がされる。

エ　意匠に係る物品の形状がその物品の有する機能に基づいて変化する場合において，その変化の前後にわたるその物品の形状について，意匠登録を受けることができる。

解答解説

42　　　　　　　　　　　　　　　　　　　　

意匠法

ア　不適切

　拒絶理由通知に対して手続補正書を提出して図面を修正した場合，意見書でその修正を説明したとしても，出願当初の願書の記載及び願書に添付した図面等からその意匠の属する分野における通常の知識に基づいて当然に導き出すことができる意匠の同一の範囲を超えて変更すると，要旨を変更するものであるとしてその補正が却下されます（意17条の2，意匠審査基準　第Ⅵ部　第2章　補正の却下）。

イ　不適切

　部分意匠と全体意匠とは，意匠登録を受ける方法及び対象が異なるため，先後願の判断は行いません（意9条1項）。したがって，両意匠を同日に意匠登録出願する必要はありません。ただし，全体意匠を先に出願する場合には，全体意匠の意匠登録出願に係る意匠公報の発行日より前に部分意匠の意匠登録出願をする必要があります（意3条の2）。

ウ　不適切

　意匠法には特許法の出願公開のような制度は規定されていません。意匠法では，原則として意匠権の設定登録後に発行される意匠公報によって意匠の内容が公開されます（意20条3項）。

エ　適切

　意匠に係る物品の形状，模様又は色彩がその物品の有する機能に基づいて変化する場合，その変化の前後にわたるその物品の形状，模様もしくは色彩又はこれらの結合について，動的意匠として，意匠登録を受けることができます（意6条4項）。なお，動的意匠として出願する場合には，意匠の変化前後の状態が分かるような図面を，願書に添付する必要があります。

43 　　　　　　　　　　　　　　　　　　　　（37回　実技　問33）

　時計メーカーX社は，デザイン会社Y社に対して，新製品の時計のデザインの創作を依頼した。Y社の社員である**甲**と**乙**は，共同でデザインAを創作した。**ア～エ**を比較して，X社の知的財産部の部員**丙**の発言として，最も適切と考えられるものはどれか。なお，Y社の職務創作に関する規定において，意匠登録を受ける権利の承継について，別段の定めはないものとする。

ア　「X社及びY社はデザインAに係る意匠登録を受ける権利を**甲**及び**乙**から承継することができないので，**甲**及び**乙**が共同で意匠登録出願をしなければなりません。」

イ　「**甲**と**乙**の意匠登録を受ける権利は，一旦，Y社に移転しなければX社に移転することはできません。」

ウ　「**甲**は，**乙**の同意がなければ，デザインAに係る意匠登録を受ける権利の持分を，X社にもY社にも譲渡することができません。」

エ　「X社とY社の間にはデザインAに係る業務委託契約があるので，この契約をもってX社はデザインAについて意匠登録出願をすることができます。」

解答解説

43

正解: ウ

ア　不適切

意匠登録を受ける権利は移転することができます（意15条2項で準用する特33条1項）。したがって、甲及び乙が共同で意匠登録出願をしなくても、X社もしくはY社が甲及び乙より意匠登録を受ける権利を承継すれば、単独で意匠登録出願をすることも可能です。なお、X社及びY社の両社が意匠登録を受ける権利を承継した場合は、意匠登録を受ける権利が共有となるため、X社及びY社は共同で意匠登録出願をしなければなりません（意15条1項で準用する特38条）。

イ　不適切

デザイン会社Y社の社員である甲と乙が創作したデザインAに係る意匠は、職務意匠に該当すると考えられます（意15条3項で準用する特35条）。しかし、本問ではY社の職務発明に関する規定において、意匠登録を受ける権利を承継させるような特段の定めがないことから、デザインAに係る意匠登録を受ける権利は甲と乙に帰属します（意3条1項柱書）。したがって、甲と乙は、意匠登録を受ける権利を一旦Y社に移転することなく、X社に移転することができます。

ウ　適切

甲と乙は共同でデザインAを創作しているので、意匠登録を受ける権利は甲及び乙に帰属し、意匠登録を受ける権利を共有しています（意3条1項柱書）。ここで、意匠登録を受ける権利が共有に係る場合には、各共有者は、他の共有者の同意を得なければ、その持分を譲渡することができません（意15条2項で準用する特33条3項）。よって、乙の同意を得なければ、甲はデザインAに係る意匠登録を受ける権利の持分をX社にもY社にも譲渡することができません。

エ　不適切

意匠登録を受ける権利は甲及び乙が有しています。（意3条1項柱書）。仮に甲及び乙より意匠登録を受ける権利がY社に移転され、X社とY社の間にデザインAに係る業務委託契約があったとしても、X社とY社との間で意匠登録を受ける権利に係る譲渡契約がない場合には、意匠登録を受ける権利は移転しません。したがって、意匠登録を受ける権利を有しないX社が意匠登録出願をすることはできません。

13.意匠権の管理と活用

重要Point

- 意匠権は，登録査定の**謄本送達日から30日以内**に，**第1年分の登録料**を納付すると**設定登録**がされ権利が発生する
- 意匠権の存続期間は**意匠登録出願の日から25年**で終了する
- 意匠権を2年目以降も継続させたい場合は，**前年以前**に登録料を納付しなければならないが，期限経過後であっても，**6カ月以内**であれば**追納**することができる
- 意匠の**類否判断**は，**需要者**の視覚を通じて起こさせる**美感**に基づいて行われると規定されている
- 意匠法でも，**職務創作**や**先使用者**による**通常実施権**が認められている

学科問題

44

(34回　学科　問29)

　ア～エを比較して，登録意匠の範囲に関して，最も**不適切**と考えられるものはどれか。

ア　登録意匠の範囲は，願書の記載及び願書に添付した図面に記載され又は願書に添付した写真，ひな形若しくは見本により現わされた意匠に基づいて判断される。

イ　特徴記載書の記載は，登録意匠の範囲を定める基準にはならない。

ウ　登録意匠に類似する意匠について，意匠権者は独占排他的に実施することができる。

エ　登録意匠と類似するか否かの判断は，創作者の視覚を通じて起こさせる美感に基づいて行う。

解答解説

44

正解: エ

ア 適切

登録意匠の範囲は，願書の記載及び願書に添付した図面や写真等により現わされた意匠に基づいて判断されます（意24条1項）。

イ 適切

登録意匠の範囲は，願書の記載及び願書に添付した図面に記載され又は願書に添付した写真，ひな形もしくは見本により現わされた意匠に基づいて定められます（意24条1項）。また，登録意匠の範囲を定める場合において，特徴記載書の記載を考慮してはならないと規定されています（意匠審査基準　第X部　第1章2）。

ウ 適切

意匠権者は，業として登録意匠だけでなく，登録意匠に類似する意匠についても実施をする権利を専有しています（意23条）。

エ 不適切

登録意匠とそれ以外の意匠が類似であるか否かの判断は，創作者ではなく，需要者の視覚を通じて起こさせる美感に基づいて行われます（意24条2項）。

45

　装飾品メーカーX社の知的財産部の新入社員である**甲**と**乙**が，意匠権の効力について会話をしている。**ア〜エ**を比較して，最も適切と考えられるものはどれか。

ア　甲「意匠権の効力範囲は，登録意匠に係る物品が同一又は類似の範囲で，かつ，その形態が同一又は類似の範囲になりますか。」

　　乙「原則はその通りです。但し，均等論の適用により，物品が非類似で，かつ，形態が同一又は類似の場合でも，物品の置換が容易であれば，意匠権の効力が及ぶ場合があります。」

イ　甲「自社製品が他社の意匠権の効力範囲に入っている場合に，他社に対して，どのような措置をとることができますか。」

　　乙「登録意匠については権利者に実施義務があるので，権利者である他社が実施していない場合には，不実施取消審判を請求することができます。」

ウ　甲「意匠権の効力の範囲内であっても，意匠権者による登録意匠の実施が制限される場合はありますか。」

　　乙「意匠権に専用実施権が設定されている場合には，意匠権者であっても，その設定範囲内では登録意匠の実施が制限されます。」

エ　甲「意匠権の効力は，登録意匠と類似する範囲まで及ぶと規定されていますが，意匠の類否は，どのように判断すればいいのですか。」

　　乙「容易に創作できた意匠については登録されないと規定されているので，意匠の類似も，創作者の視覚を通じて起こさせる美感に基づいて判断されます。」

解答解説

45　　　　　　　　　　　　　　　　　　　　　　　　　正解: ウ

ア　不適切

意匠権の効力範囲は，登録意匠及びこれに類似する意匠の範囲となります（意23条）。意匠法では均等論が適用されないので，物品が非類似で，かつ形態が同一又は類似の場合には，原則どおり意匠権の効力は及びません。

イ　不適切

意匠権者には，登録意匠を実施する義務はありません。また，意匠法には，商標法で規定された不使用取消審判が設けられていません。したがって，仮に意匠権者が登録意匠を実施していなくても，不実施取消審判によって意匠登録が取り消されることはありません。

ウ　適切

意匠権者は，業として登録意匠及びこれに類似する意匠の実施をする権利を専有しますが，その意匠権について専用実施権を設定したときは，その設定行為で定められた範囲において，意匠権者であっても登録意匠の実施が制限されます（意23条）。

エ　不適切

登録意匠とそれ以外の意匠が類似であるか否かの判断は，需要者の視覚を通じて起こさせる美感に基づいて行われます（意24条2項）。ここで需要者とは，取引者及び需要者を意味するので，判断主体は創作者ではなく，取引者及び需要者の立場から見た美感の類否について判断されます。

14.意匠権の侵害と救済

・意匠権の効力は，登録意匠と**同一**および**類似**する範囲にまで及ぶ
・自己の登録意匠と先に出願された他人の登録意匠の類似範囲が重なるときは，自己の登録意匠の範囲であっても，重複する範囲の実施が**制限**される
・意匠登録出願と特許出願では，先後願関係がないため，一つの製品について**意匠権**と**特許権**が存在する場合がある
・意匠権者は，意匠権を侵害する者に対して，**差止請求**，**損害賠償請求**，**不当利得返還請求**，**名誉回復措置請求**をすることができる
・意匠法では，**意匠登録無効審判**の制度は規定されているが，**登録異議の申立て**の制度は規定されていない

学科問題

46

（39回　学科　問38）

ア～エを比較して，意匠権に関して，最も適切と考えられるものはどれか。

ア 意匠登録出願の日前にその意匠に係る製品の販売をしていた第三者に対しても，意匠権の効力は及ぶ。

イ 自己の登録意匠の類似範囲と意匠登録出願前の他人の登録意匠の類似範囲が重なる場合でも，自己の登録意匠に類似する意匠の実施は制限されない。

ウ 意匠権の効力は，物品が類似で形態が類似する範囲には及ばない。

エ 意匠登録出願と特許出願とは先後願が判断されないため，同一の製品について意匠権と特許権が発生することがある。

解答解説

46　　　　　　　　　　　　　　　　　　　　　　　　正解: エ

ア　不適切

意匠登録出願の際現に日本国内においてその意匠の実施である事業をしている者には，その実施をしている意匠及び事業の目的の範囲内において，通常実施権（先使用権）が認められ（意29条），先使用権が認められる範囲での意匠の実施に対して，意匠権の効力は及びません。したがって，意匠登録出願の日前にその意匠に係る製品の販売をしていた第三者に対しては，意匠権の効力は及ばないことになります。

イ　不適切

意匠権者は，業として登録意匠及びこれに類似する意匠の実施をする権利を専有します（意23条）。ただし，二つの登録意匠の類似範囲が重なり合う場合，出願が後である意匠権者はその重複する部分について実施をすることができません（意26条2項）。つまり，自己の登録意匠の類似範囲が，それよりも先になされた他人の登録意匠の類似範囲と重複する場合には，自己の登録意匠と類似する意匠の実施が制限されます。

ウ　不適切

意匠権の効力は，登録意匠及びこれに類似する範囲に及びます（意23条）。意匠権の効力範囲は，物品及び形態の両方が同一，物品もしくは形態の一方が類似する範囲だけではなく，物品及び形態の両方が類似する範囲にまで及びます。

エ　適切

意匠法の保護対象は物品の美的外観であり，特許法では自然法則を利用した技術的思想の創作が保護されます（意2条1項，特2条1項）。つまり，意匠法と特許法では保護対象が異なるため，意匠登録出願と特許出願の間で先後願の判断はされず，同一の製品について意匠権と特許権が発生することがあります。

47 (34回 実技 問33)

帽子メーカーであるX社は，製造販売をしている帽子Aに対して，Y社から意匠権Dを侵害しているとの警告を受けている。**ア～エ**を比較して，X社の知的財産部の部員**甲**の考えとして，最も**不適切**と考えられるものはどれか。

ア 意匠原簿を閲覧して，意匠権Dが存続しているか，Y社が真の権利者であるかを確認する。

イ 帽子Aが，意匠権Dに係る登録意匠と同一又は類似する範囲に含まれるかを弁理士に鑑定依頼をする。

ウ 意匠権Dに係る意匠登録出願前に，意匠権Dに係る登録意匠と同一又は類似する意匠が掲載された刊行物が発行されているかを確認する。

エ 意匠権Dに係る意匠登録出願後に，意匠権Dに係る意匠を知らないで，独自に，帽子Aが商品化されていた場合には，意匠権の効力が及ばないので，帽子Aに関する資料の有無を確認する。

47　　　　　　　　　　　　　　　　　　　　　　　　　　　　正解：エ

ア　適切

　警告してきたＹ社が真の権利者でない場合，又は意匠権が存続していない場合には，Ｙ社に何らの権利も存在しないことになるので，意匠原簿を閲覧して確認することは適切な行為です（意61条）。

イ　適切

　Ｘ社の製造販売する帽子Ａが，Ｙ社の意匠権Ｄに係る登録意匠の権利範囲に含まれなければ，意匠権Ｄの侵害を免れます。しがたって，弁理士に鑑定依頼することは適切な行為です。

ウ　適切

　意匠登録出願前に日本国内又は外国において，頒布された刊行物に記載された意匠又は電気通信回線を通じて公衆に利用可能となった意匠は，意匠登録を受けることができません（商３条１項２号）。当該規定に違反して登録されている場合には，その意匠登録を無効にすることについて意匠登録無効審判を請求することができるので，適切な行為です（意48条）。

エ　不適切

　他人の意匠登録出願後に，その他人の意匠権に係る意匠を知らずに意匠を創作したとしても，その意匠に当該意匠権の効力が及ばないとする規定はありません。したがって，帽子Ａに関する資料の有無を確認しても警告を回避することはできません。

商標法

15.商標法の保護対象と登録要件

・**商標**とは，人の知覚によって認識することができるもののうち，**文字**，**図形**，**記号**，**立体的形状**もしくは**色彩またはこれらの結合**，**音**その他政令で定めるものであって，商品等を生産等する者がその商品等に用いるものである
・商標の機能

自他商品等識別機能	他人の商品やサービスと区別する機能
出所表示機能	商品やサービスの出所を表示する機能
品質保証機能	商品の品質やサービスの質を保証する機能
宣伝広告機能	商品やサービスを広告宣伝する機能

・商標の種類

文字商標	立体商標	色彩のみからなる商標
図形・記号の商標	動き商標	音商標
結合商標	ホログラム商標	位置商標

学科問題

48

　ア～エを比較して，商標法における自他商品等の識別力等に関して，最も**不適切**と考えられるものはどれか。

ア　商品の普通名称には，その商品の略称や俗称は含まれない。

イ　標準文字のローマ字2字からなる商標は，識別力を有しないと判断される。

ウ　元来識別力を有しないと考えられる商標でも，使用により識別力を有すると判断されることがある。

エ　商品の産地や品質を普通に用いられる方法で表示する標章のみからなる商標は，識別力を有しないと判断される。

解答解説

48　　　　　　　　　　　　　　　　　　　　　正解: ア

ア　不適切

　取引者において，その略称及び俗称等が，その商品又は役務の一般的な名称であると認識されている場合には，略称及び俗称等も商品又は役務の普通名称に該当すると判断されます（商標審査基準　第1－三）。

イ　適切

　極めて簡単で，かつ，ありふれた標章のみからなる商標は，自他商品等の識別力がなく，商標登録を受けることができません（商3条1項5号）。ローマ字の1字又は2字からなるものは，極めて簡単で，かつ，ありふれた標章に該当します。よって，標準文字のローマ字2字からなる商標は，商標登録を受けることができません（商標審査基準　第1－七）。

ウ　適切

　もともとは自他商品等の識別力がない商標であっても，特定の者がその業務に係る商品等に使用した結果，その商品等と結びついて識別力を有することとなった場合には，自他商品等の識別力を有すると判断され，商標登録を受けることができます（商3条2項）。

エ　適切

　商品の産地，販売地，品質，原材料等又は，役務の提供の場所等を普通に用いられる方法で表示する標章のみからなる商標は，自他商品等の識別力がなく，商標登録を受けることができません（商3条1項3号）。例えば，役務「放送番組の制作」について，商標「ニュース」や「音楽番組」と表示することは，役務の質を表示するものであるため認められません（商標審査基準　第1－五）。

商標法

49

　ア～エを比較して，商標登録出願の審査に関して，最も**不適切**と考えられるものはどれか。

ア　自己の商標登録出願に係る指定商品と他人の商標登録に係る指定商品とが非類似の場合であっても，その他人の登録商標と同一の商標に係る自己の商標登録出願について商標登録を受けられない場合がある。

イ　商標登録出願に係る商標について，極めて簡単で，かつ，ありふれた標章のみからなる商標（商標法第3条第1項第5号）に該当する場合であっても，商標登録を受けることができる場合がある。

ウ　著名な芸名については，その芸名を使用している者の承諾があっても，他人が商標登録を受けることはできない。

エ　商品の品質又は役務の質の誤認を生ずるおそれがある商標については，識別力を有していても，商標登録を受けることはできない。

解答解説

49　　　　　　　　　　　　　　　　　　　　　　　　　　　**正解: ウ**

ア　適切

　他人の業務に係る商品又は役務と混同を生ずるおそれがある商標は，商標登録を受けることができません（商4条1項15号）。商品が非類似であっても，他人の登録商標と同一の商標を使用することで，需要者が出所を混同する場合があるためです。

イ　適切

　原則として，極めて簡単で，かつ，ありふれた標章のみからなる商標は商標登録を受けることができません（商3条1項5号）。ただし，その商標を使用した結果，特定の者の出所表示として，その商品又は役務の需要者の間で全国的に認識されているものとなった場合には，商標登録されることがあります（商3条2項）。

ウ　不適切

　他人の著名な芸名等を含む商標は，原則として商標登録を受けることができません（商4条1項8号）。ただし，その他人の承諾を得ている場合には，商標登録を受けることができます（商4条1項8号かっこ書）。

エ　適切

　商品の品質又は役務の質の誤認を生ずるおそれがある商標は，商標登録を受けることができません（商4条1項16号）。

50 〜 55

　食品会社であるX社は，食塩を開発し，新商品として販売を検討している。これに関し，X社の知的財産部の部員**甲**が，新商品の商品名に係る商標登録出願について発言1〜3をしている。なお，X社は，当該商標登録出願が登録される前には，当該食塩に関する宣伝及び販売をしていなかった。

発言1　「商品の宣伝広告としてのみ認識される新商品のネーミングについて，他社が真似をしてきた場合を考慮して，商標『まろやかな味。料理を1つ上のレベルに引き上げます！！』，指定商品『食塩』として商標登録出願をした場合に，当該出願は登録されます。」

発言2　「新商品について，その商品の俗称を商品名として，商標『波の花』，指定商品『食塩』として商標登録出願をした場合に，当該出願は登録されます。」

発言3　「新商品の食塩がミネラルを豊富に含むことを強調する観点から，商標『ミネラル食塩』，指定商品『食塩』として商標登録出願をした場合に，当該出願は登録されます。」

　以上を前提として，**問50〜問55**に答えなさい。

商標法

50 発言1について，適切と考えられる場合は「○」と，不適切と考えられる場合は「×」と答えなさい。

51 問50において，適切又は不適切であると判断した理由として，最も適切と考えられるものを【理由群IV】の中から1つだけ選びなさい。

【理由群IV】

ア 商品又は役務の普通名称を表示する商標（商標法第3条第1項第1号）に該当することを理由に拒絶される場合があるため

イ 極めて簡単で，かつ，ありふれた標章のみからなる商標（商標法第3条第1項第5号）に該当することを理由に拒絶される場合があるため

ウ 需要者が何人かの業務に係る商品又は役務であることを認識することができない商標（商標法第3条第1項第6号）に該当することを理由に拒絶される場合があるため

エ ア～ウの拒絶理由には該当しないため

---

52 発言2について，適切と考えられる場合は「○」と，不適切と考えられる場合は「×」と答えなさい。

53 問52において，適切又は不適切であると判断した理由として，最も適切と考えられるものを【理由群V】の中から1つだけ選びなさい。

【理由群V】

ア 商品又は役務の普通名称を表示する商標（商標法第3条第1項第1号）に該当することを理由に拒絶される場合があるため

イ 商品の産地，販売地，品質等を表示又は役務の提供の場所，質等を表示する商標（商標法第3条第1項第3号）に該当することを理由に拒絶される場合があるため

ウ 需要者が何人かの業務に係る商品又は役務であることを認識することができない商標（商標法第3条第1項第6号）に該当することを理由に拒絶される場合があるため

エ ア～ウの拒絶理由には該当しないため

---

54 発言3について，適切と考えられる場合は「○」と，不適切と考えられる場合は「×」と答えなさい。

55 問54において，適切又は不適切であると判断した理由として，最も適切と考えられるものを【理由群Ⅵ】の中から1つだけ選びなさい。

【理由群Ⅵ】

ア 商品又は役務の普通名称を表示する商標（商標法第3条第1項第1号）に該当することを理由に拒絶される場合があるため

イ 商品の産地，販売地，品質等を表示又は役務の提供の場所，質等を表示する商標（商標法第3条第1項第3号）に該当することを理由に拒絶される場合があるため

ウ 需要者が何人かの業務に係る商品又は役務であることを認識することができない商標（商標法第3条第1項第6号）に該当することを理由に拒絶される場合があるため

エ ア～ウの拒絶理由には該当しないため

解答解説

50 　　　　　　　　　　　　　　　　　　　正解：×（不適切）

51 　　　　　　　　　　　　　　　　　　　　　　正解：ウ

　需要者が何人かの業務に係る商品又は役務であることを認識することができない商標は，自他商品等識別力がないため，商標登録を受けることができません（商3条1項6号）。原則として，標語やキャッチフレーズは商標法3条1項6号に規定された商標登録を受けることができない商標に該当するので，当該出願は登録を受けることはできません。

52 　　　　　　　　　　　　　　　　　　　正解：×（不適切）

53 　　　　　　　　　　　　　　　　　　　　　　正解：ア

　自己の業務に係る商品又は役務について，その商品又は役務の普通名称を普通に用いられる方法で表示する標章のみからなる商標は，商標の登録要件である自他商品等識別力を有していないため，商標登録を受けることができません（商3条1項1号）。したがって，X社の新商品について，その商品の一般名称の俗称である『波の花』を商標とし，『食塩』を指定商品として商標登録出願を行ったとしても，登録を受けることはできません。

54 　　　　　　　　　　　　　　　　　　　正解：×（不適切）

55 　　　　　　　　　　　　　　　　　　　　　　正解：イ

　商標『ミネラル食塩』は，指定商品「食塩」との関係において，その商品の品質及び原材料等を記述的に表示する商標です。したがって，商標『ミネラル食塩』の商標登録出願は，その商品の産地，販売地，品質等を表示又は役務の提供の場所，質等を表示する商標に該当するため（商3条1項3号），そのことを理由に拒絶される場合があります（商15条1号）。

16.先に出願された商標の調査

重要Point

・先に出願された商標と**同一**・**類似**の商標は登録を受けることはできない
・商標の類否判断は，**指定商品**または**指定役務**が類似しているか，さらに**商標**が類似しているかで判断される
・商標の類似は，**外観**・**称呼**・**観念**のそれぞれから，総合的に判断される

学科問題

56

（40回　学科　問32）

ア～エを比較して，商標又は商品・役務の類否に関して，最も**不適切**と考えられるものはどれか。

ア　商標の類否は，外観，称呼，観念の各要素に基づいて総合的に判断される。

イ　商品・役務の類否は，同一・類似の商標を使用した場合に，出所の混同が生じるかどうかに基づいて判断される。

ウ　類似群は，互いに類似関係にある商品等を１つのグループとしてまとめたもので，同じ類似群の商品・役務は原則として互いに類似するものと推定される。

エ　商標の類否は，当業者を基準に判断される。

解答解説

56   正解: エ

ア　適切

　商標の類否の判断は，商標の有する外観，称呼及び観念のそれぞれの判断要素を総合的に考察して行われます（商標審査基準　第3-十）。

イ　適切

　商品・役務の類否の判断は，同一・類似の商標を使用した場合に，出所の混同が生じるかどうかに基づいて行われます（商標審査基準　第3-十）。

ウ　適切

　類似群は，生産部門，販売部門，原材料，品質等において共通性を有する商品，又は提供手段，目的もしくは提供場所等において共通性を有する役務をグループ化し，同じグループに属する商品群又は役務群は，原則として，類似する商品又は役務であると推定するものとしています（特許庁HP：日本における「類似群コード」について）。

エ　不適切

　商標の類否の判断は，商標が使用される商品又は役務の主たる需要者層その他商品又は役務の取引の実情を考慮し，需要者の通常有する注意力を基準として判断されます（商標審査基準　第3-十）。すなわち，商標の類否は，一般の取引者や需要者を基準に判断されます。

商標法

17.商標登録を受けるための手続き

- 商標登録出願は，**一つの出願**で複数の**指定商品**または**指定役務**を指定することができるが，複数の**商標**を含めることはできない
- 指定する商品や役務が複数あるときは，**区分**ごとに分けて願書に記載しなければならない
- 商標法には，特許法と同じく，**出願公開制度**が規定されている
- 商標登録出願の商標を変更したり，指定商品や指定役務を，別の商品や役務に変更することや類似する商品や役務に変更することは**要旨変更**とみなされ，その補正は却下される
- 補正が却下されたときは，補正却下決定の**謄本送達日から３カ月以内**に，**補正却下決定不服審判**を請求することができる

学科問題

57

　ア～エを比較して，商標登録出願に関して，最も適切と考えられるものはどれか。

ア　指定商品が二以上であっても，商標登録出願の一部を新たな商標登録出願として分割することができない。

イ　補正した内容が要旨の変更であると判断されると，審査官の決定によりその補正は却下される。

ウ　指定商品を非類似の商品へ変更する補正は要旨の変更に該当するが，指定商品を類似する商品へ変更する補正は，要旨の変更に該当しない。

エ　商標登録出願について出願審査請求がされると，その出願の実体審査が開始される。

解答解説

57
正解: イ

ア　不適切

　商標登録出願人は，二以上の商品・役務を指定商品・指定役務とする商標登録出願の一部について，一又は二以上の新たな商標登録出願として分割することができます（商10条1項）。ただし，商標登録出願が審査，審判もしくは再審に係属している場合，又は商標登録出願についての拒絶をすべき旨の審決に対する訴えが裁判所に係属している場合に限られます。

イ　適切

　願書に記載した指定商品・指定役務又は商標登録を受けようとする商標についてした補正が，要旨を変更するものであるときは，審査官の決定によってその補正は却下されます（商16条の2第1項）。

ウ　不適切

　指定商品又は指定役務の範囲の変更又は拡大は，非類似の商品・役務に変更し，又は拡大する場合のみならず，他の類似の商品・役務に変更し，又は拡大する場合も要旨の変更であると判断されます（商標審査基準　第13－(1)）。

エ　不適切

　商標法では，特許法における出願審査請求の制度は規定されていません（特48条の3）。出願審査請求をしなくても，原則として，商標登録出願されたすべての出願の実体審査が行われます（商14条）。

商標法

18.商標権の管理と活用

- 商標権は，登録査定の**謄本送達日から30日以内**に，登録料が納付されることで，商標権の**設定登録**がされ，権利が発生する
- 商標権の登録料は，存続期間の **10年分**を一括で納めることも，**前半5年**と**後半5年**に**分割**して納めることもできる
- 商標権者は，商標権と**商標が同一**で，**商品・役務が同一**の範囲について，登録商標を**独占的**に使用することができる
- 登録商標に指定商品等が二以上ある場合は，指定商品または指定役務ごとに商標権を分割して**移転**することができる
- **先使用権**の発生要件

  ①他人の商標登録出願前から
  ②日本国内で不正競争の目的でなく出願された範囲または類似する範囲の商標を使用しており
  ③使用の結果,他人の商標登録出願時点で,
  ④自己の業務に係る商品や役務を表示するものとして需要者の間に広く認識されていること

学科問題

58

（38回　学科　問20）

ア～エを比較して，商標権の効力に関して，最も適切と考えられるものはどれか。

ア 商標権の効力は，他人が役務の提供の用に供する物を普通に用いられる方法で表示する商標にも及ぶ。

イ 商標権者は，その商標登録に係る指定商品について，登録商標に類似する商標を使用する権利を専有する。

ウ 商標が登録された後にその登録商標が普通名称化した場合，商標権の効力が制限されることがある。

エ 商標権者は，自己の商標権を侵害した者に対して損害の賠償を請求することはできるが，商標権者の業務上の信用を害した者に対して，業務上の信用を回復するのに必要な措置を請求することはできない。

解答解説

58   正解: ウ

ア 不適切

役務の提供の用に供する物を普通に用いられる方法で表示する商標には,商標権の効力は及びません(商26条1項3号)。

イ 不適切

商標権者は指定商品又は指定役務について登録商標を使用する権利を専有します。ただし,登録商標に類似する商標については,他人の使用を禁止することができるだけで,商標権者であっても独占的に使用することはできません(商25条,37条各号)。

ウ 適切

商標が登録された後に,その登録商標が普通名称となった場合には,商標権の効力は制限され,他人が登録商標を使用する行為を排除できなくなります(商26条1項2号,3号)。

エ 不適切

商標権者又は専用使用権者は,商標権者又は専用使用権者の業務上の信用を害した者に対して,裁判所に,損害の賠償に代え,又は損害の賠償とともに,商標権者又は専用使用権者の業務上の信用を回復するのに必要な措置を請求することができます(商39条で準用する特106条)。

59 （37回 実技 問21）

　文房具メーカーX社は，消しゴムAについて名称をBとして販売を予定していたところ，Y社が「消しゴム」を含む多数の指定商品について，名称Bに係る商標権Mを有していることがわかった。**ア～エ**を比較して，X社における製品販売についての検討会議での発言として，最も**不適切**と考えられるものはどれか。

ア　「わが社は，Y社から商標権Mを譲り受けることにより，消しゴムAについて販売することができます。」

イ　「わが社がY社から商標権Mについて専用使用権又は通常使用権の許諾を受ける際に，Y社は，販売期間や販売地域を限定することはできません。」

ウ　「わが社は，Y社が既に別の会社に『消しゴム』について通常使用権を許諾している場合でも，Y社との間で通常使用権の許諾契約を締結することができます。」

エ　「わが社が『消しゴム』についての商標権Mの使用を目的とした通常使用権の許諾を受けるために，Y社が特許庁へ登録する必要はありません。」

解答解説

59

正解: **イ**

ア　適切

　商標権者は，指定商品又は指定役務について登録商標を使用する権利を専有します（商25条）。X社は，Y社から商標権Mを譲り受けることによって商標権者となるので，商標権Mに係る登録商標である名称Bを消しゴムAに使用して販売することができます。

イ　不適切

　X社はY社から専用使用権の設定，又は通常使用権の許諾を受けることができます（商30条1項，31条1項）。その際，専用使用権又は通常使用権に係る製品の販売期間や販売地域をY社が限定することは，商標権の行使と認められますので，問題とはなりません。

ウ　適切

　通常使用権者は，設定行為で定めた範囲内において，指定商品又は指定役務について登録商標を使用する権利を有します（商31条2項）。通常使用権は独占排他的な権利ではないので，商標権者は同時に同一内容の通常使用権を複数人に対して許諾することができます（商31条1項）。

エ　適切

　通常使用権は，契約当事者であるX社とY社の合意によって発生するので，通常使用権の許諾を受けるためにY社が特許庁へ登録する必要はありません。

19.商標権の侵害と救済

重要Point

- 商標権の侵害とは，正当な権原のない第三者が，登録商標と同一または類似の商標を，指定商品や指定役務と同一または類似の商品や役務について使用することをいう
- 商品等の**普通名称**を普通に用いられる方法で表示する商標や**慣用商標**，商品等の形状で，その機能を確保するために**不可欠な立体的形状**のみからなる商標には，商標権の効力は及ばない
- **登録異議の申立て**は，商標掲載公報の**発行日から2カ月以内**であれば，**誰でも**行うことができる
- **商標登録無効審判**は，侵害警告を受けた者などの**利害関係人**でなければ請求することはできない
- 商標権者等が故意に登録商標と類似する範囲において商標を使用し，これによって，商品の品質等に混同等を生じているような場合は，**誰でも**，**不正使用取消審判**を請求することができる

学科問題

60

　ア～エを比較して，商標権に関して，最も適切と考えられるものはどれか。

ア　商標権者は，複数の者に対して，その商標権について通常使用権を許諾することはできない。

イ　他人の商標登録出願よりも前から日本国内でその商標と同一又は類似する商標を使用している者は，継続してその商品又は役務について，その商標を使用する権利を有する。

ウ　登録商標がその出願前から指定商品について慣用的に使用されていた場合，商標掲載公報の発行日から6カ月以内に限り，誰でも登録異議の申立てをすることができる。

エ　継続して3年以上，日本国内で商標権者又は使用権者のいずれもが指定商品又は指定役務に登録商標を使用していないのであれば，不使用取消審判を請求することにより商標権を消滅させることができる。

解答解説

60　　　　　　　　　　　　　　　　　　　　　　　　　　　　　**正解：エ**

ア　不適切

通常使用権は独占排他的な権利ではないので，商標権者は同時に同一内容の通常実施権を複数の者に対して許諾することができます（商31条1項）。

イ　不適切

①他人の商標登録出願前から，②日本国内で不正競争の目的でなく，③その商標登録出願に係る指定商品・指定役務又はこれらに類似する商品・役務について，④使用をした結果，⑤他人の商標登録出願の時点で，⑥自己の業務に係る商品・役務を表示するものとして需要者の間に広く認識されていることのすべての要件を満たす場合には，継続して商標を使用する権利（先使用権）が認められます（商32条1項）。したがって，他人の商標登録出願よりも前から使用している事実だけでは，継続してその商標を使用できるとは限りません。

ウ　不適切

商標掲載公報の発行日から6カ月以内ではなく，2カ月以内に限り，何人も登録異議の申立てをすることができます（商43条の2）。

エ　適切

継続して3年以上日本国内において，商標権者，専用使用権者又は通常使用権者のいずれもが，指定商品又は指定役務に登録商標を使用していないときは，何人も，その指定商品又は指定役務に係る商標登録の取消しについて，不使用取消審判を請求することができます（商50条1項）。なお，不使用取消審判において取消審決が確定した場合は，その審判請求の登録日に消滅したものとみなされます。

61

ア〜エを比較して，商標権に関して，最も**不適切**と考えられるものはどれか。

ア 他人から商標権の侵害であると警告を受けたときは，商標登録原簿を確認して，警告してきた相手が真の商標権者であるか，商標権が存続しているかを確認するべきである。

イ 商標権の侵害に関する警告をする場合には，相手方から商標登録について登録異議の申立てや無効審判を請求される可能性があることを考慮すべきである。

ウ 自己の氏名を普通に用いられる方法で表示する場合，商標権の侵害となる場合はない。

エ 商標権者は，周知商標の先使用者に対して混同を防止するために適当な表示を付して使用することを請求することができる場合がある。

解答解説

61 正解: ウ

ア 適切

　警告してきた相手が真の商標権者であるか，正当に権利が存続しているかを商標登録原簿によって確認することは重要です。商標権が第三者に譲渡され警告者が権利者ではなくなっていたり，存続期間満了によって権利が消滅している場合があるからです。

イ 適切

　商標権者から侵害に関する警告を受けた場合，登録異議の申立てや商標登録無効審判によって商標権を消滅させることができれば，警告を受けた者は権利行使を免れることができます（商43条の2，46条）。よって，権利者は，警告した相手方から登録異議の申立てや商標登録無効審判を請求される可能性があることを考慮し，自己の権利に取消理由や無効理由がないかをあらかじめ確認しておくことが必要です。

ウ 不適切

　自己の氏名を普通に用いられる方法で表示する行為には，原則として，商標権の効力は及びません（商26条1項1号）。ただし，その行為が不正競争の目的で行われていた場合には，商標権の効力が及ぶため，商標権を侵害することになります（商26条2項）。

エ 適切

　商標権者又は専用使用権者は，先使用権により商標を使用する権利を有する者に対し，その者の業務に係る商品・役務と自己の業務に係る商品・役務との混同を防止するために適当な表示を付して使用することを請求することができます（商32条2項）。

62

　X社は，提携している喫茶店「ABC」で提供されている紅茶について，パッケージに「ABC」の文字を記載して発売した。すると，商標「ABC」，指定商品「紅茶」について，商標権Mを有するY社から，X社に対して，商標権Mを侵害する旨の警告書が送られてきた。**ア～エ**を比較して，X社の考えとして，最も適切と考えられるものはどれか。なお，商品「紅茶」と役務「飲食物の提供」は非類似の関係にある。また，喫茶店の役務は「飲食物の提供」である。

ア　パッケージの「ABC」の文字を茶色に変更して，販売することとした。

イ　喫茶店の店名を指定商品「紅茶」に使用しているにすぎないので，商標権Mの侵害にならないと回答することとした。

ウ　喫茶店「ABC」は，現時点では周知ではないが，商標権Mに係る商標登録出願前から使用しているので，先使用権を主張することができると考えた。

エ　Y社の警告書に反論できないと考え，「紅茶」への商標「ABC」の使用を中止し，Y社に商標権Mについての使用許諾を求めることとした。

解答解説

62 正解: エ

ア 不適切

　登録商標と色が異なる部分がある商標であっても，その異なる色を登録商標と同一にすれば登録商標と同一となる商標は，登録商標に含まれます（商70条1項）。したがって，X社がパッケージの「ABC」の文字の色を茶色に変更して紅茶を販売する行為は，指定商品「紅茶」についての登録商標の使用であるため，Y社の商標権を侵害する行為に該当します（商2条3項1号，25条）。

イ 不適切

　商品の包装に標章を付する行為，また商品の包装に標章を付したものを譲渡等する行為は，商標の使用に該当します（商2条3項1号，2号）。したがって，喫茶店の店名であったとしても，X社がY社の登録商標の指定商品「紅茶」に「ABC」の文字を付して販売する行為は，Y社の登録商標の使用に該当し，Y社の商標権を侵害する行為と考えられます（商2条3項，25条）。

ウ 不適切

　先使用権が認められるためには，他人の商標登録出願前から日本国内において不正競争の目的でなくその商標又はこれに類似する商標の使用をしていた結果，その商標登録出願の際，現にその商標が自己の業務に係る商品又は役務を表示するものとして需要者の間に広く認識されていることが必要です（商32条1項）。本問の場合，喫茶店の店名「ABC」が現時点において周知ではないので，先使用権を主張することはできません。

エ 適切

　商標権を侵害する行為に対して，損害賠償請求がなされる事態が考えられるので，反論できないと考えられる場合には，速やかに使用を中止することは適切な対応です（民709条）。また，喫茶店でパッケージ「ABC」の紅茶を販売する行為を継続するために，Y社に使用許諾を求めることも，適切な対応です（商31条1項）。

63 ～ 66　　　　　　　　　　　　　　（39回　実技　問7～問8, 問11～問12/改）

　貴金属メーカーX社は，2020年6月に新しいネックレスのデザインを完成し，2021年1月から，上段にPRINCE，下段にプリンスとする2段書きで構成される商品名Aを付して当該ネックレスの販売を開始した。販売直後から雑誌やSNSなどで紹介され，2021年4月頃には全国的に有名となった。販売を継続していたところ，貴金属メーカーY社から，Y社の商標権を侵害している旨の警告書が届いた。そこで，X社の知的財産部の部員**甲**がY社の登録商標を調査したところ，Y社は指定商品を「指輪」とし，上段にプリンス，下段にPRINCEとする2段書きで構成される商標について，2020年7月に商標登録出願をし，2021年2月に商標権Mが設定登録され，商標掲載公報が発行されていることがわかった。**甲**は，知的財産部の部長**乙**に対して，X社は商標権Mを侵害する可能性が高いとの調査報告をし，商標権Mに対する措置について，2021年7月に発言1～2をしている。なお，「ネックレス」と「指輪」は類似する商品である。

発言1　「商品名Aを『PRINCE』のみの表記に変更すれば，Y社の商標権Mの侵害を免れることができます。」

発言2　「Y社は，商標権Mに係る登録商標を使用していないので，すぐにY社の商標権Mを取り消すことができます。」

　以上を前提として，**問63～問66**に答えなさい。

63 発言1について，適切と考えられる場合は「○」と，不適切と考えられる場合は「×」と答えなさい。

64 問63において，適切又は不適切であると判断した理由として，最も適切と考えられるものを【理由群Ⅳ】の中から1つだけ選びなさい。

【理由群Ⅳ】

ア 商標と商品が異なり，商標権の効力範囲に含まれないため

イ 商標と商品が類似し，商標権の効力範囲に含まれるため

ウ 商標は異なるが商品が類似し，商標権の効力範囲に含まれるため

エ 商品は類似するが商標は異なり，商標権の効力範囲に含まれないため

---

65 発言2について，適切と考えられる場合は「○」と，不適切と考えられる場合は「×」と答えなさい。

66 問65において，適切又は不適切であると判断した理由として，最も適切と考えられるものを【理由群Ⅵ】の中から1つだけ選びなさい。

【理由群Ⅵ】

ア 不使用取消審判（商標法第50条）により商標登録を取り消すことができないため

イ 不使用取消審判（商標法第50条）により商標登録を取り消すことができるため

ウ 不正使用取消審判（商標法第51条）により商標登録を取り消すことができるため

エ 登録異議申立て（商標法第43条の2）により商標登録を取り消すことができるため

解答解説

63 正解: ×(不適切)

64 正解: イ

　Y社の登録商標は，上段にプリンス，下段にPRINCEと２段書きで構成される商標であり，それぞれの段は，同じ称呼及び観念になります。したがって，『PRINCE』という表記からなる商品名Aは，Y社の登録商標と同じ称呼及び観念になるため，Y社の登録商標と類似します。また，商品名Aが使用されるネックレスは，Y社の登録商標についての指定商品である指輪と類似します。したがって，商品名Aを付してネックレスを販売する行為は，商品名Aを『PRINCE』のみの表記に変更したとしても，Y社の登録商標と類似する商標を，Y社の登録商標の指定商品と類似する商品に使用する行為になるため，Y社の商標権Mを侵害する行為に該当することになります（商37条１号）。

商標法

65 正解: ×(不適切)

66 正解: ア

　継続して３年以上，日本国内で商標権者及び使用権者のいずれもが指定商品等について登録商標を使用していない場合，不使用取消審判を請求して，その指定商品等に関する商標登録を取り消すことができます（商50条）。ただし，商標権Mに係る商標登録は，2021年２月になされており，2021年７月の時点では，登録商標を使用していない期間が３年未満であるため，その商標登録について不使用取消審判を請求することができません。したがって，商標権Mをすぐに取り消すことはできません。

条約

20.パリ条約

重要Point

・パリ条約では，同盟国の国民に対して，自国の国民と同等の**保護**および**救済措置**を与えなければならないと規定されている
・特許および実用新案の**優先期間**は**先の出願**から**12カ月**，意匠および商標の**優先期間**は**6カ月**である
・パリ条約の**優先権**を主張した出願は，先の出願に基づいて他の同盟国にした後の出願でも，先の出願日に出願したものと**同等の効果**が与えられる
・**各国の特許の独立**とは，同盟国における権利の**無効**，**消滅**，**存続期間**等は，他の同盟国の権利に影響を与えないことをいう

学科問題

（40回　学科　問40）

67

ア～エを比較して，パリ条約による優先権に関して，最も**不適切**と考えられるものはどれか。

ア 日本に特許出願した後に外国に特許出願する場合には，パリ条約による優先権を主張しなければならない。

イ 一の外国出願について，パリ条約による優先権を主張する場合，日本にされた複数の特許出願を優先権の主張の基礎出願とすることができる。

ウ 日本にした特許出願に基づいて，ある国にパリ条約による優先権の主張をして特許出願した後，他の国にもパリ条約による優先権の主張をして特許出願をすることができる。

エ 日本にした最初の特許出願に基づいて，その出願日から12カ月以内である場合に限り，日本以外の外国に特許出願をする際にパリ条約による優先権の主張をすることができる。

解答解説

67

ア 不適切

パリ条約による優先権は，外国で特許権を取得する際に有効な手段ですが，主張するかどうかは出願人の意思により自由に決めることができます。したがって，日本に特許出願した後に外国に特許出願するにあたり，必ずしもパリ条約による優先権の主張をする必要はありません。

イ 適切

パリ条約の同盟国は，いずれの国も二以上の優先権を主張することを拒否することができません（パリ4条F）。したがって，一の外国出願についてパリ条約による優先権の主張をする際に，日本にされた複数の特許出願を基礎として優先権の主張をすることは可能です。

ウ 適切

いずれかの同盟国において正規の特許出願をした者は，一の同盟国のみではなく複数の同盟国に対して優先権を主張して特許出願をすることができます（パリ4条A（1））。したがって，日本にした特許出願に基づいて，ある同盟国にパリ条約による優先権の主張をして特許出願した後，他の同盟国にもパリ条約による優先権の主張をして特許出願をすることができます。

エ 適切

パリ条約による優先権の優先期間は，特許出願及び実用新案登録出願については12カ月となります（パリ4条C（1））。したがって，日本で特許出願した場合には，その特許出願の日から12カ月以内であれば，優先権を主張してパリ条約の同盟国に特許出願することができます。

条約

21.特許協力条約（PCT）

重要Point

・特許協力条約（PCT）に基づく国際出願の流れ

国際出願	自国の特許庁または世界知的所有権機関（WIPO）に出願可能 国際出願が認められると,認定日は国際出願日として認められる
国際調査	原則として,すべての出願について,国際調査機関が自動的に国際調査を行う 国際調査の結果は,国際調査報告として出願人とWIPOの国際事務局に送付され,あわせて国際調査見解書も示される 国際調査報告や国際調査見解書を受け取った後,請求の範囲について1回に限り補正することができる
国際公開	優先日から18カ月経過後,国際事務局が国際公開を行う
国際予備審査	国際予備審査は出願人の請求により行われる 国際予備審査の結果は国際予備審査報告として出願人に送付される 国際予備審査報告が作成される前に請求の範囲,明細書,図面について補正することができる
国内移行手続	優先日から30カ月以内に移行手続をする必要がある

学科問題

68

　ア～エを比較して，特許協力条約（PCT）に係る国際出願に関して，最も適切と考えられるものはどれか。

ア　特許協力条約（PCT）は，特許出願に係る各締約国毎に異なる方式的な手続を統一する条約である。

イ　国際出願をする場合は，パリ条約に規定されている制度を利用することはできない。

ウ　日本国特許庁を受理官庁とする英語による国際出願をした場合には，国際調査は日本国特許庁又は国際事務局が行う。

エ　特許協力条約（PCT）は，国際出願から特許権の付与に至るまで国際的に統一して行うことを目的とする。

解答解説

68　　　　　　　　　　　　　　　　　　　　　**正解: ア**

ア　適切

　特許協力条約（PCT）は，締約国ごとに異なる特許出願に係る方式的な手続き
を統一するために，国際出願という制度を規定し（PCT 3条），締約国における
特許権の取得を簡易にすることを目的としています（PCT前文）。

イ　不適切

　特許協力条約（PCT）はパリ条約の特別取極であるため，パリ条約の規定につ
いては，PCTによる国際出願をする際にも利用することができます。

ウ　不適切

　日本国特許庁を受理官庁とする英語による国際出願をした場合には，国際調査
は日本国特許庁，欧州特許庁（EPO），インド特許庁又はシンガポール知的所有
権庁のいずれかが行うことになります。

エ　不適切

　特許協力条約（PCT）は，締約国ごとに異なる特許出願に係る方式的な手続き
を統一する条約です。一方，国際出願の審査及び権利化までの手続きについては，
締約国ごとに行う必要があります。

条約

69　　　　　　　　　　　　　　　　　　　　　（39回　学科　問18）

　ア〜エを比較して，特許協力条約（PCT）に係る国際出願に関して，最も適切と考えられるものはどれか。

ア　国際調査報告を受け取った出願人は，所定の期間内に国際出願の明細書及び図面について，1回に限り補正をすることができる。

イ　国際調査機関の見解書は，国際公開時に公開されることはない。

ウ　国際出願をしようとする者は，世界知的所有権機関の国際事務局のみに出願をすることができる。

エ　国際予備審査は，国際調査とは異なり，出願人の請求によりなされる。

解答解説

69

正解: エ

ア　不適切

　国際調査報告を受け取った出願人は，所定の期間内に国際出願の請求の範囲のみについて1回に限り補正をすることができますが，明細書及び図面については補正をすることはできません（PCT19条（1））。

イ　不適切

　国際調査機関の見解書は，従来，優先日から30カ月が経過するまで公開されていませんでしたが，PCT規則の改訂により国際公開時に公開されるようになりました。

ウ　不適切

　国際出願をしようとする者は，世界知的所有権機関（WIPO）の国際事務局，もしくは出願人の自国の特許庁に対して出願をすることができます（PCT規則19. 1（a））。

エ　適切

　国際予備審査は，出願人が請求をしなくても行われる国際調査とは異なり，出願人の請求によりなされます（PCT31条（1））。

　次の会話は，X社における特許協力条約（PCT）による国際出願Aの発明者**甲**と知的財産部の部員**乙**のものである。**問70〜問72**に答えなさい。

甲「国際調査報告が送付されたようですね。国際出願Aの内容を補正したいので，手続について教えてください。」

乙「国際調査報告を受け取った後，出願人は　　1　　について1回に限り補正できます。」

甲「送付されるのは国際調査報告だけですか。」

乙「国際調査報告とあわせて，　　2　　も送付されます。」

甲「国際調査報告の内容を出願人以外の第三者が知ることはできますか。」

乙「　　3　　により知ることができます。」

70　空欄　　1　　に入る最も適切な語句を【語群Ⅶ】の中から選びなさい。

71　空欄　　2　　に入る最も適切な語句を【語群Ⅶ】の中から選びなさい。

72　空欄　　3　　に入る最も適切な語句を【語群Ⅶ】の中から選びなさい。

【語群Ⅶ】

請求の範囲　　　国際事務局への請求　　　国際審査補足書　　　国際調査見解書
国際予備審査報告書　　　明細書及び図面　　　国際公開

解答解説

70

正解: 請求の範囲

国際出願の出願人は，国際調査を受け取った後，国際出願の請求の範囲について1回に限り補正をすることができます（PCT19条（1））。

71

正解: 国際調査見解書

国際調査機関は，国際調査報告の作成と同時に，国際出願の請求の範囲に記載された発明の特許性に関する見解として，国際調査見解書を作成します（PCT規則43の2.1（a））。

72

正解: 国際公開

国際調査報告の内容は，国際公開によって公開されます（PCT21条（3））。

22.その他の条約

- **TRIPS協定**は，特許権のみならず，著作権や商標権などの**知的財産権**を**包括的に保護**することを目的としており，知的財産権の適切な保護，権利行使の確保や紛争解決手続について規定されている
- 商標の国際登録を受ける場合には，自国に**基礎となる出願**や**商標登録**が必要となる
- 商標の国際登録の存続期間は**10年**であり，10年ごとに**更新**することができる
- 意匠の国際登録制度である**ハーグ協定**では，自国に基礎出願や基礎登録は必要とされていない
- 意匠の国際出願では，一つの国際出願で最大100までの意匠を含めることができる
- 意匠の国際登録の存続期間は**5年**であり，**更新**することができる
- **ベルヌ条約**は，著作物を国際的に保護する条約であって，**内国民待遇の原則**，**無方式主義の原則**，**遡及効**，**著作者人格権の保護**などが定められている

学科問題

73

ア～エを比較して，ベルヌ条約に定められているものとして，最も**不適切**と考えられるものはどれか。

ア　内国民待遇
イ　遡及効
ウ　方式主義
エ　著作者人格権の保護

解答解説

73 　　　　　　　　　　　　　　　　　　　　　　　　**正解: ウ**

　ベルヌ条約は，著作物を国際的に保護しあうための条約であり，「内国民待遇の原則」，「無方式主義の原則」，「遡及効」，「著作者人格権の保護」などが定められています。

ア　適切

　ベルヌ条約では，内国民待遇の原則が定められています（ベルヌ条約5条(1)）。

イ　適切

　ベルヌ条約では，遡及効が定められています（ベルヌ条約18条）。

ウ　不適切

　ベルヌ条約では，方式主義ではなく，無方式主義が定められています（ベルヌ条約5条(2)）。

エ　適切

　ベルヌ条約では，著作者人格権の保護が定められています（ベルヌ条約6条の2）。

著作権法

23.著作権法の目的と著作物

- 著作権法において，**著作物**とは，**思想**または**感情**を**創作的**に**表現**したものであって，**文芸**，**学術**，**美術**または**音楽**の範囲に属するものと定義されている
- **ゲームソフト**は，**映画**の著作物に該当するものの，通常の映画とは異なり，一度購入すると権利が**消尽**するため，再譲渡する際には著作権者の許諾は不要である
- **二次的著作物**を利用する場合は，**原著作物の著作権者**と**二次的著作物の著作権者**の双方から許諾を得なくてはならない
- **編集著作物**と**データベースの著作物**の構成要素となる素材は，必ずしも著作物である必要はない
- 漫画やアニメの**キャラクター**は著作物に該当しないが，その絵自体は著作物として保護されることがある
- **キャッチフレーズ**や**スローガン**等は著作物に該当しない

学科問題

74

(38回　学科　問8)

　ア～エを比較して，著作物に関して，最も適切と考えられるものはどれか。

ア　映画の著作物には，映画の効果に類似する視覚的又は視聴覚的効果を生じさせる方法で表現され，かつ，物に固定されている著作物は含まれない。

イ　写真の著作物には，写真の製作方法に類似する方法を用いて表現される著作物は含まれない。

ウ　美術の著作物には，美術工芸品が含まれる。

エ　データベースの著作物は，編集著作物に含まれる。

解答解説

74　　　　　　　　　　　　　　　　　　　　　　　正解: **ウ**

ア　不適切

　映画の効果に類似する視覚的又は視聴覚的効果を生じさせる方法で表現され，かつ，物に固定されている著作物は，映画の著作物に含まれます（著2条3項）。

イ　不適切

　写真の製作方法に類似する方法を用いて表現される著作物は，写真の著作物に含まれます（著2条4項）。

ウ　適切

　美術の著作物とは，絵画や版画等の著作物をいい，美術工芸品も含まれます（著2条2項）。

エ　不適切

　編集著作物とは，編集物でその素材の選択又は配列によって創作性を有するものをいいます（著12条1項）。一方，データベースの著作物とは，データベースでその情報の選択又は体系的な構成によって創作性を有するものをいい（著12条の2第1項），データベースは編集物から除外されています（著12条1項かっこ書）。したがって，データベースの著作物は，編集著作物に含まれません。

75

ア～エを比較して，著作物に関して，最も**不適切**と考えられるものはどれか。

ア 日本国民の著作物でなくても日本で最初に発行された著作物は，日本の著作権法による保護を受けることができる。

イ 映画の著作物には，映画の効果に類似する視覚的又は視聴覚的効果を生じさせる方法で表現され，かつ，物に固定されている著作物が含まれる。

ウ 編集物の素材自体が著作物である場合に限り，編集著作物として保護される。

エ データベースでその情報の選択又は体系的な構成によって創作性を有するものは，著作物として保護される。

解答解説

75

ア　適切

　日本で最初に発行された著作物であれば，日本国民の著作物でなくても日本の著作権法で保護されます(著6条2号)。

イ　適切

　映画の効果に類似する視覚的又は視聴覚的効果を生じさせる方法で表現され，かつ，物に固定されている著作物は，映画の著作物に含まれます(著2条3項)。

ウ　不適切

　編集著作物とは，編集物でその素材の選択又は配列によって創作性を有するものをいいます（著12条1項）。しかし，その構成要素となる素材は，著作物である必要はありません。

エ　適切

　情報の選択又は体系的な構成に創作性があるデータベースは，著作物として保護され得ます(著12条の2第1項)。

著作権法

76 〜 77

　料理を趣味とする**甲**は，著者が料理研究家**乙**である，自宅で手軽に作ることができる料理の材料，調理方法及び料理の写真が掲載されている料理本Aを購入した。料理本Aの利用について，**甲**は考え1をもっている。

考え1　料理本Aに掲載されている料理の調理方法のアイデアを真似して料理を作りたい。この場合，著作権法上，問題となる。

　以上を前提として，**問76〜問77**に答えなさい。

76　考え1について，適切と考えられる場合は「〇」と，不適切と考えられる場合は「×」と答えなさい。

77　問76において，適切又は不適切であると判断した理由として，最も適切と考えられるものを【理由群Ⅶ】の中から1つだけ選びなさい。

【理由群Ⅶ】
ア　料理の調理方法のアイデアは著作物にあたらないと考えられるため
イ　甲の行為は複製権の侵害にあたると考えられるため
ウ　甲の行為は私的使用目的と考えられるため

解答解説

76　　　　　　　　　　　　　　　　　　　　　正解: ×（不適切）

77　　　　　　　　　　　　　　　　　　　　　正解: ア

　著作権法の保護対象である著作物は，思想又は感情を創作的に表現したものであって，文芸，学術，美術又は音楽の範囲に属するものです（著2条1項1号）。料理の調理方法のアイデアは，思想又は感情を創作的に表現したものではないため，著作物に該当せず，著作権法で保護されません。したがって，料理本Aに掲載された料理の調理方法のアイデアを模倣しても著作権法上，問題にはなりません。

著作権法

24.著作者

重要Point

- 著作物を創作する者には，**著作(財産)権**と**著作者人格権**が発生する
- **共同著作物**の著作(財産)権は，他の**共有者**の同意を得なければ，その持分を譲渡できず，また，全員の合意がなければ自ら利用することや他人へ利用を許諾することはできない
- **職務著作(法人著作)**の成立要件

  > ①会社等の**発意**に基づくこと
  >
  > ②会社等の業務に従事する者が**職務上作成**すること
  >
  > ③会社等が**自社の名義**のもとに**公表**すること(**プログラムの著作物を除く**)
  >
  > ④作成時に，従業者を著作者とするといった契約等の特別な定めがないこと

- 映画の著作物の著作者は，その映画の**全体的形成**に**創作的に寄与**した者が著作者となる
- 映画の著作者が**映画製作者**に対し，その映画の**製作**に**参加**することを**約束**しているときは，映画製作者に**著作(財産)権**が帰属する

学科問題

78

(38回　学科　問19)

ア～エを比較して，著作権法におけるプログラムの著作物に関する職務著作の成立要件に該当するものとして，最も**不適切**と考えられるものはどれか。

ア 著作物の作成時における契約，勤務規則その他に著作者を法人その他使用者以外とする規定が定められていないこと

イ 法人その他使用者の業務に従事する者が職務上著作物を作成すること

ウ 法人その他使用者の発意に基づいて著作物を作成すること

エ 法人その他使用者が，著作物を創作した従業者に相当の対価を支払うこと

解答解説

78

　職務著作の成立要件は，①法人等の発意に基づくこと，②その法人等の業務に従事する者が職務上作成する著作物であること，③その法人等が自己の著作の名義の下に公表すること（プログラムの著作物を除く），④その作成の時における契約，勤務規則その他に別段の定めがないことです（著15条）。

ア　適切

　著作物の作成時における契約，勤務規則その他に著作物の帰属を法人以外とする規定が定められていないという要件は，上述の④に該当します。

イ　適切

　法人その他使用者の業務に従事する者が職務上著作物を作成するという要件は，上述の②に該当します。

ウ　適切

　法人その他使用者の発意に基づいて著作物を作成するという要件は，上述の①に該当します。

エ　不適切

　著作物を創作した従業者に相当の対価を支払うことは，職務著作の成立要件ではありません。

79 ～ 81

　映画製作会社Ｘ社は，社外の**甲**を映画監督に起用し，小説家**乙**が執筆した小説を原作とした映画Ａの製作を企画している。Ｘ社の法務部の**丙**と**丁**が，映画Ａの製作に関して会話をしている。**問79 ～問81**に答えなさい。

丙　「**甲**がＸ社に対し監督として映画Ａの製作に参加することを約束し，映画Ａが完成した場合，**甲**は映画Ａに対してどのような権利をもちますか。」

丁　「　　1　　をもつことになります。」

丙　「映画Ａが完成したとき，**乙**は映画Ａとどのような関係となりますか。」

丁　「映画の著作物の　　2　　となります。」

丙　「完成した映画Ａをテレビ放送する場合，**乙**の許諾を得る必要はありますか。」

丁　「**乙**の許諾を得る必要　　3　　。」

79　空欄　　1　　に入る最も適切な語句を【語群XI】の中から選びなさい。

80　空欄　　2　　に入る最も適切な語句を【語群XI】の中から選びなさい。

81　空欄　　3　　に入る最も適切な語句を【語群XI】の中から選びなさい。

【語群XI】

著作権　　　著作者　　　　はありません　　　原著作物の著作者

著作者人格権　　　実演家人格権　　　があります

解答解説

79

正解: 著作者人格権

映画Aの監督である甲は，映画Aの著作物の全体的形成に創作的に寄与した者として，映画の著作物の著作者となります（著16条）。ただし，甲がX社に対して映画Aの製作に参加することを約束している場合，映画Aの著作権は，映画製作者であるX社に帰属します（著29条1項）。一方，映画Aについての著作者人格権は，映画Aの著作者である甲が持つことになります（著17条1項）。

80

正解: 原著作物の著作者

小説家乙が執筆した小説は，映画Aの原作ですので，映画の著作物において翻案された原著作物となります。したがって，乙は，映画Aの原著作物の著作者となります。

81

正解: があります

映画Aは小説家乙が執筆した小説を原作とした二次的著作物となります。二次的著作物の原著作物の著作者は，当該二次的著作物の利用に関し，当該二次的著作物の著作者が有するものと同一の種類の権利を有します（著28条）。つまり，乙は，映画Aの著作者が有する公衆送信権と同じ権利を有しますので，映画Aを放送する場合には，乙の許諾を得る必要があります。

25.著作者人格権

- **著作者人格権**とは，著作者の**人格的**，**精神的利益**を保護するための権利である
- 著作者人格権

公表権	著作物を公表するか否か， 公表する場合はその時期や方法等を決定できる権利
氏名表示権	著作者の氏名を表示するか否か， 表示する場合はその名義等を決定できる権利
同一性保持権	著作物およびその題号（タイトル）の同一性を保持し， 著作者の意に反した改変を受けない権利

- 著作者の**名誉**または**声望**を害する方法によりその著作物を利用する行為は，著作者人格権の侵害とみなされる

学科問題

82　　　　　　　　　　　　　　　　　　　　　　　（40回　学科　問19）

　ア〜エを比較して，著作者人格権に関して，最も**不適切**と考えられるものはどれか。

ア　建築物の増築，改築，修繕又は模様替えによる改変については，同一性保持権の侵害とはならない。

イ　著作者の死亡後においても，その著作者が生存しているとしたならば，その著作者人格権の侵害となるべき行為をしてはならない。

ウ　氏名表示権は，著作物の原作品の公衆への提供又は提示の際に，著作者の氏名を表示するか否か，表示する場合にはその名義を決定できる権利である。

エ　著作者は，自らが一旦公表した著作物に対しても，公表権を行使することができる。

解答解説

82

ア 適切

著作者の意に反してその著作物の変更，切除その他の改変をした場合には，同一性保持権の侵害に該当しますが（著20条1項），建築物の増築，改築，修繕又は模様替えによる改変には，同一性保持権は適用されません（著20条2項2号）。

イ 適切

著作者が存しなくなった後においても，著作者が存しているとしたならばその著作者人格権の侵害となるような行為をすることは，原則として，禁止されています（著60条）。

ウ 適切

氏名表示権には，著作物の原作品の公衆への提供もしくは提示の際に，著作者の氏名を表示するか否か，表示する場合にはその名義等を決定できる権利が含まれます（著19条1項）。

エ 不適切

公表権とは，未公表の著作物を公衆に提供し，又は提示する権利なので（著18条1項），著作者は，一旦，自らが公表した著作物に対して公表権を行使することはできません。

83

　ア～エを比較して，著作権法における同一性保持権に関して，最も**不適切**と考えられるものはどれか。

ア　著作物の題号の改変は，同一性保持権の侵害となる可能性が高い。

イ　誤字脱字の修正は，同一性保持権の侵害となる可能性が低い。

ウ　建築物の修繕による改変は，著作者の意に反する著作物の改変であっても，同一性保持権の侵害とならない場合がある。

エ　同一性保持権は，相続の対象とならないことから，著作者の死後，生前に同一性保持権を侵害した行為に対して，遺族が権利行使できる場合はない。

解答解説

83　　　　　　　　　　　　　　　　　　　　　　　　　　　　　正解: エ

ア　適切

　同一性保持権の対象には著作物だけでなく，その題号も含まれます（著20条1項）。著作物の題号の改変が著作者の意に反する場合には，同一性保持権の侵害となる可能性が高いといえます。

イ　適切

　著作者の意に反する改変は，原則として同一性保持権の侵害となりますが（著20条1項），誤字脱字の修正は，著作物の性質並びにその利用の目的及び態様に照らしやむを得ないと認められる改変に該当する可能性が高いので，同一性保持権の侵害となる可能性が低いといえます（著20条2項4号）。

ウ　適切

　建築物の増築，改築，修繕又は模様替えによる改変は，著作者の意に反する著作物の改変であっても，同一性保持権の侵害とならない場合があります（著20条2項2号）。

エ　不適切

　同一性保持権は，著作者人格権であり，著作者の一身に専属しますので相続の対象となりません（著59条）。ただし，著作者の死後，著作者の人格的利益を保護するために，その遺族は，著作者人格権を侵害する者に対して権利行使することができます（著116条1項）。

著作権法

26.著作(財産)権

重要Point

・**著作(財産)権**の一覧

複製権	無断で著作物を複製(コピー)されない権利
上演権および演奏権	無断で著作物を公に上演,または演奏されない権利
上映権	無断で著作物を公に上映されない権利
公衆送信権	無断で著作物を公衆送信(または送信可能化)されない権利
口述権	無断で言語の著作物を公に口述されない権利
展示権	無断で美術の著作物,または未発行の写真の著作物を,これらの原作品により公に展示されない権利
頒布権	無断で映画の著作物をその複製物により,頒布されない権利
譲渡権	無断で著作物をその原作品または複製物の譲渡により,公衆に提供されない権利
貸与権	無断で著作物をその複製物の貸与により,公衆に提供されない権利
翻訳権・翻案権等	無断で著作物を翻訳,編曲,翻案等されない権利
二次的著作物の利用に関する原著作者の権利	二次的著作物の原著作物の著作者は,二次的著作物の著作者が有するものと同一の種類の権利が認められる

・本人の承諾なしに,その容貌・姿態を撮影されたり,公表されたりしない権利を**肖像権**といい,判例上認められている権利である
・**パブリシティ権**とは,有名人などの顧客吸引力を持つ氏名・肖像を営利目的で独占的に使用できる権利で,明文の規定はなく判例により認められつつあるものである

▶ **学科問題**

84

ア〜エを比較して，著作権に関して，最も**不適切**と考えられるものはどれか。

ア　展示権とは，無断で他人に，美術の著作物又は発行された写真の著作物をこれらの原作品により公に展示されない権利をいう。

イ　公衆送信権とは，無断で他人に，著作物を公衆に対して送信されない権利をいう。

ウ　貸与権とは，無断で他人に，著作物をその複製物の貸与により公衆に提供されない権利をいう。

エ　上映権とは，無断で他人に，著作物を公に上映されない権利をいう。

🔍 **解答解説**

84　　　　　　　　　　　　　　　　　　　　　　　**正解: ア**

ア　不適切

展示権とは，無断で他人に，美術の著作物又はまだ発行されていない写真の著作物をこれらの原作品により公に展示されない権利をいいます（著25条）。

イ　適切

公衆送信権とは，無断で他人に，著作物を公衆に対して送信されない権利をいいます（著23条1項）。

ウ　適切

貸与権とは，無断で他人に，映画の著作物以外の著作物を，その複製物の貸与により公衆に提供されない権利をいいます（著26条の3）。

エ　適切

上映権とは，無断で他人に，著作物を公に上映されない権利をいいます（著22条の2）。

85

　ア～エを比較して，著作権の享有に関して，最も**不適切**と考えられるものはどれか。

ア　未発行の写真の著作物の著作権者は，その著作物について展示権を有する。
イ　音楽の著作物の著作権者は，その著作物について貸与権を有する。
ウ　プログラムの著作物の著作権者は，その著作物について頒布権を有する。
エ　言語の著作物の著作権者は，その著作物について口述権を有する。

解答解説

85

ア　適切

　未発行の写真の著作物の著作権者は，その写真の著作物について展示権を有します(著25条)。

イ　適切

　音楽の著作物の著作権者は，その音楽の著作物について貸与権を有します（著26条の3）。

ウ　不適切

　頒布権を有するのは映画の著作物の著作権者だけであり（著26条1項），それ以外の著作物の著作権者は頒布権を有しません。したがって，プログラムの著作物の著作権者は，そのプログラムの著作物について頒布権を有しません。

エ　適切

　言語の著作物の著作権者は，その言語の著作物について口述権を有します（著24条）。

著作権法

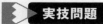

86

甲は，自身が経営するフランス料理店のホームページを開設し，料理のメニューなどの情報を掲載することを検討している。**ア～エ**を比較して，問題（トラブル）が発生する可能性が低い**甲**の行為として，最も適切と考えられるものはどれか。

ア　**甲**が，料理店に来店した有名な女優数名を撮影し，その写真を，料理店の宣伝になるようにホームページに掲載する行為

イ　**甲**が，料理店近くの公園に恒常的に設置されている有名な彫刻家が創作した彫刻を撮影し，その写真を，料理店の周辺情報としてホームページに掲載する行為

ウ　**甲**が，料理店に来店した客が店内や料理を撮影しブログに掲載した写真を，ホームページに掲載する行為

エ　**甲**が，女性誌に紹介された料理店の記事を，ホームページに掲載する行為

解答解説

86

ア　不適切

　芸能人や有名人が，顧客吸引力を持つ氏名や肖像を営利目的で使用できる権利を，判例上はパブリシティ権といいます（最高裁　平成24年2月2日　第一小法廷判決）。有名な女優数名が来店した際に撮影した写真を，ホームページに，料理店の宣伝になるよう掲載することは，その女優の顧客吸引力を持つ氏名や肖像を営利目的で無断で使用することになるので，パブリシティ権の侵害になり，問題が発生する可能性は高いといえます。

イ　適切

　彫刻は，美術の著作物に該当し（著10条1項4号），その彫刻を作成した彫刻家は，著作権を有します（著2条1項2号，17条1項）。したがって，無断で彫刻を撮影して，その写真をホームページに掲載することは，原則として，複製権（著21条），公衆送信権（著23条1項）の侵害となりますが，美術の著作物の原作品が屋外の場所に恒常的に設置されているものは，一定の場合を除き，いずれの方法によるかを問わず，利用することができます（著46条）。そのため，本問における甲の行為は著作権の侵害には該当しないので，問題が発生する可能性は低いといえます。

ウ　不適切

　料理店に来店した客が撮影した写真は，写真の著作物に該当するため（著10条1項8号），その客は，著作権を有します（著2条1項2号，17条1項）。したがって，ブログに掲載された写真を，無断でホームページに掲載する行為は，原則として，複製権（著21条）及び公衆送信権（著23条1項）の侵害となり，問題が発生する可能性は高いといえます。

エ　不適切

　女性誌の記事は言語の著作物に該当し（著10条1項1号），その著作者は著作権を有します（著2条1項2号，17条1項）。この女性誌の記事を無断でホームページに掲載することは，複製権（著21条）及び公衆送信権（著23条1項）の侵害となり，問題が発生する可能性は高いといえます。

27.著作権の変動

重要Point

- ・著作権者が死亡した場合に相続人が存在しないときや，著作権者である法人が解散したときは，著作(財産)権は**消滅**する
- ・著作(財産)権は**放棄**することができる
- ・**著作(財産)権**は，その権利の**全部**または**一部**を**譲渡**することができる
- ・著作(財産)権を譲渡する契約において，翻訳権・翻案権等および**二次的著作物の利用に関する原著作者の権利**を譲渡する旨の明示がない場合は，これらの権利は譲渡した者に**留保**したものと推定される
- ・複製権または公衆送信権を有する者は，**出版権**の設定をすることができる

学科問題

87   （36回　学科　問31）

　ア〜エを比較して，外国人の著作物に関して，最も適切と考えられるものはどれか。

ア 外国人の著作物を利用するためには，必ず著作権者の許諾を得る契約を締結しなければならない。

イ 外国人の著作物が日本国内で保護を受けるためには，文化庁に著作権の登録をする必要がある。

ウ 外国人の著作物については，法定の保護期間に戦時期間を加算して保護される場合がある。

エ 外国人の著作物が日本国内で保護を受けるためには，所定の記号等の表示がされている必要がある。

解答解説

87

ア 不適切

外国人の著作物のうち日本国で保護を受けられるのは，原則として最初の発行地が日本である著作物（著6条2号），又は条約によりわが国が保護の義務を負う著作物であり（著6条3号），この場合，著作権者に無断で著作物を利用すると，原則として，著作権の侵害となるので，著作権者の許諾を得る契約を締結する必要があります。

しかしながら，著作権の制限規定の適用を受ける場合（著30条～47条の7）や，著作権の存続期間が満了している場合（著51条，58条）には，必ずしも著作権者の許諾を得る必要はありません。

イ 不適切

外国人の著作物が日本国内で保護を受けるために，文化庁に著作権の登録をする必要はありません。例えば外国人の著作物が最初に日本国以外で発行された場合，その発行の日から30日以内に日本国内において発行されれば，日本国の著作権法による保護を受けることができます（著6条2号）。また，条約によりわが国が保護の義務を負う著作物に該当する場合にも，日本国の著作権法による保護を受けることができます（著6条3号）。

ウ 適切

外国人の著作物については，戦時加算分が加算されて保護期間が延長される場合があります（連合国及び連合国民の著作権の特例に関する法律4条）。

エ 不適切

日本国では，著作権を享有及び行使する際に，著作権の表示など，いかなる方式も必要としないという無方式主義を採用しているため（著17条2項），外国人の著作物が日本国内で保護を受けるために，所定の記号等の表示がされている必要はありません。

著作権法

88 〜 90

　次の会話は，X社の法務部の部員**甲**の著作権の変動に関する質問に対して部員**乙**が説明しているものである。**問88〜問90**に答えなさい。

甲「著作権者が死亡して著作権者に相続人がいなかった場合，著作権はどうなるのですか。」

乙「その著作権は，_____1_____。」

甲「著作権を譲渡する場合に，注意することはありますか。」

乙「著作権を譲渡する契約において，翻訳権，編曲権，変形権，翻案権及び二次的著作物の利用に関する原著作者の権利を譲渡する旨の明示がない場合は，これらの権利は_____2_____ものと推定されます。」

甲「著作権を譲渡してその登録をしないと，どのような問題が起こり得ますか。」

乙「登録をしないと，_____3_____ません。」

88 空欄_____1_____に入る最も適切な語句を【語群XI】の中から選びなさい。

89 空欄_____2_____に入る最も適切な語句を【語群XI】の中から選びなさい。

90 空欄_____3_____に入る最も適切な語句を【語群XI】の中から選びなさい。

【語群XI】

国庫に帰属します　　消滅します　　競売にかけられます
譲渡した者に留保された　　譲渡した者が放棄した　　自動的に譲渡された
第三者に対抗することができ　　譲渡の効力が発生し

解答解説

88

正解: 消滅します

著作権者が死亡して著作権者に相続人がいなかった場合，著作権は消滅します（著62条1項1号）。

89

正解: 譲渡した者に留保された

著作権を譲渡する契約において，翻訳権，編曲権，変形権，翻案権及び二次的著作物の利用に関する原著作者の権利を譲渡する旨の明示がない場合（特掲されていない場合）は，これらの権利は，譲渡した者に留保されたものと推定されます（著61条2項）。

90

正解: 第三者に対抗することができ

著作権の譲渡を含む著作権の移転は，その登録をしなければ，第三者に対抗することができません（著77条1号）。

著作権法

28.著作権の制限

重要Point

- 著作権法では，一定の場合に，著作権者の許諾を得ずに著作物を**利用**することが認められている
- **私的使用**とは，**個人的**にまたは**家庭内**等において使用することを目的として，複製する行為をいう
- **公表された著作物**は，**公正な慣行**に合致し，**報道，批評，研究**その他の**引用**の目的上，**正当な範囲内**であれば，著作権者の許諾がなくとも引用することができる
- **引用**は，引用箇所が**明確に区別**でき，さらに引用する側が「**主**」，引用される側が「**従**」になる関係が必要とされている
- **著作権の制限規定**は著作権法30条から47条の7に規定されている

学科問題

(34回 学科 問15)

91

ア～エを比較して，著作権に関して，最も適切と考えられるものはどれか。

ア 営利目的ではなく，聴衆又は観衆から料金を受けず，実演家に報酬が支払われない場合であれば，公表されている著作物を著作権者の許諾を得ずに上演することができる。

イ 公衆の使用に供することを目的として設置されている自動複製機器を用いて，著作物を複製する行為は，著作権の侵害となることはない。

ウ 公正な慣行に合致し，正当な範囲内で行われるものであれば，公表されていない著作物であっても引用して利用することができる。

エ 自ら創作した著作物が，それより前に創作された他人の著作物と偶然同じ内容であったとしても，その他人の著作権を侵害することになる。

解答解説

91

ア　適切

　著作物を公に上演する場合，原則として著作権者の許諾を得る必要があります
が（著22条），公表された著作物は，営利を目的とせず，かつ，聴衆等から料金
を受けず，実演家に対する報酬が支払われない場合には，著作権者の許諾を得な
くても，公に上演等することができます（著38条1項）。

イ　不適切

　公衆の使用に供することを目的として設置されている自動複製機器を用いて，
著作物を複製する行為は，私的に使用する目的であっても，原則として著作権の
侵害となります（著30条1項1号）。

ウ　不適切

　公表された著作物であって，公正な慣行に合致するものであり，かつ，報道，批評，
研究その他の引用の目的上正当な範囲内で行なわれる場合には，引用して利用す
ることができます（著32条1項）。したがって，公表されていない著作物は，引
用して利用することができません。

エ　不適切

　著作物の複製とは，既存の著作物に依拠し，その内容及び形式を覚知させるに
足りるものを再製することをいいます（最高裁　昭和53年9月7日　第一小法
廷判決）。したがって，既存の著作物に依拠せずに，偶然独立して似たような著
作物が創作された場合には，複製に該当せず，著作権の侵害（著21条）とはなり
ません。

著作権法

92

ア～エを比較して，著作権の制限に関する次の文章の空欄 ┌─1─┐ ～ ┌─3─┐ に入る語句の組合せとして，最も適切と考えられるものはどれか。

┌─1─┐ 著作物は，┌─2─┐ ，かつ，聴衆又は観衆から料金（いずれかの名義をもってするかを問わず，著作物の提供又は提示につき受ける対価をいう。）を受けない場合には，┌─3─┐ 上演し，演奏し，上映し，又は口述することができる。但し，当該上演等を行う者に対し報酬が支払われる場合は，この限りでない。

ア ┌─1─┐ ＝公表された
　　 ┌─2─┐ ＝文化の発展を目的とし
　　 ┌─3─┐ ＝特定の者に対して
イ ┌─1─┐ ＝未公表の
　　 ┌─2─┐ ＝営利を目的とせず
　　 ┌─3─┐ ＝特定の者に対して
ウ ┌─1─┐ ＝公表された
　　 ┌─2─┐ ＝営利を目的とせず
　　 ┌─3─┐ ＝公に
エ ┌─1─┐ ＝未公表の
　　 ┌─2─┐ ＝文化の発展を目的とし
　　 ┌─3─┐ ＝公に

解答解説

92

著作権法38条1項では,「〔公表された著作物〕は,営利を目的とせず,かつ,〔聴衆又は観衆〕から料金(いずれの名義をもってするかを問わず,著作物の提供又は提示につき受ける対価をいう。)を受けない場合には,〔公に〕上演し,演奏し,上映し,又は口述することができる。ただし,当該上演,演奏,上映又は口述について実演家又は口述を行う者に対し報酬が支払われる場合は,この限りでない。」と規定されています。

著作権法

93

　ア～エを比較して，著作権の制限に関して，最も**不適切**と考えられるものはどれか。

ア　観客から入場料を徴収する場合は，公益目的の演奏であっても，著作権者の許諾を得ずに演奏を行うことはできない。

イ　著作権者の許諾を得ずに，私的使用目的の複製を行うことはできるが，コピープロテクションを外して複製を行うことはできない。

ウ　正規に購入したコンピュータプログラムのバックアップを目的とするコピーであれば，会社の業務に使用する目的であっても，著作権者の許諾を得ずにコピーをすることができる。

エ　公表された映画の著作物については，著作権者の許諾を得ずに引用して利用することはできない。

93　　　　　　　　　　　　　　　　　　　　　　　　**正解: エ**

ア　適切

　著作物を公に演奏する場合，原則として著作権者の許諾を得る必要がありますが（著22条），①公表された著作物は，②営利を目的とせず，かつ，③聴衆等から料金を受けず，④実演家に対する報酬が支払われない場合には，著作権者の許諾を得なくても，公に演奏等することができます（著38条1項）。観客から入場料を徴収する場合は，③の要件を満たさないので，著作権者の許諾を得ずに演奏を行うことはできません。

イ　適切

　著作物の複製をする場合，原則として著作権者の許諾を得る必要がありますが（著21条），私的使用のための複製を行う場合には著作権は制限されるため（著30条1項），著作権者の許諾を得る必要はありません。ただし，コピープロテクションを外して複製する場合には著作権は制限されず，複製権の侵害となります（著30条1項2号）。

ウ　適切

　原則として，プログラムの著作物の複製物の所有者は，自ら当該著作物を電子計算機において実行するために必要と認められる限度において，当該著作物の複製をすることができます（著47条の3第1項）。

　正規に購入したプログラムの所有者によるバックアップを目的とするコピーは，自ら当該著作物を電子計算機において実行するために必要と認められる限度で行っているといえるので，会社の業務に使用する目的であっても，著作権者の許諾を得ずに行うことができます。

エ　不適切

　公表された著作物は，公正な慣行に合致するものであり，かつ，報道，批評，研究その他の引用の目的上正当な範囲内で行なわれるものであれば，引用して利用することができます（著32条1項）。したがって，引用の対象となる著作物は，公表された著作物であればよく，著作物の種類に制限はありません。

著作権法

94 ～ 97

(41回　実技　問13～問18)

　料理を趣味とする**甲**は，著者が料理研究家**乙**である，自宅で手軽に作ることができる料理の材料，調理方法及び料理の写真が掲載されている料理本Aを購入した。料理本Aの利用について，**甲**は考え2～3をもっている。

考え2　料理が好きな父親に，料理本Aに掲載されている料理の材料，調理方法が記載されたページを，FAXで送りたい。この場合，著作権法上，特に問題はない。

考え3　自分で好きなときに見ることができるように，料理本Aの内容を自宅のスキャナーを使ってデジタルデータにして自分のタブレット端末に保存したい。この場合，著作権法上，特に問題はない。

　以上を前提として，**問94～問97** に答えなさい。

94 考え2について，適切と考えられる場合は「○」と，不適切と考えられる場合は「×」と答えなさい。

95 問94において，適切又は不適切であると判断した理由として，最も適切と考えられるものを【理由群Ⅷ】の中から1つだけ選びなさい。

【理由群Ⅷ】

ア ＦＡＸで送る内容は著作物にあたらないと考えられるため

イ **甲**の行為は著作権の侵害にあたらないと考えられるため

ウ **甲**の行為は公衆送信権の侵害と考えられるため

---

96 考え3について，適切と考えられる場合は「○」と，不適切と考えられる場合は「×」と答えなさい。

97 問96において，適切又は不適切であると判断した理由として，最も適切と考えられるものを【理由群Ⅸ】の中から1つだけ選びなさい。

【理由群Ⅸ】

ア デジタルデータは著作物にあたらないと考えられるため

イ **甲**の行為は著作権が制限される場合と考えられるため

ウ **甲**の行為は複製権の侵害と考えられるため

著作権法

94   正解: ○(適切)

95   正解: イ

　料理本Aのページに掲載された料理方法の説明文や写真は，著作物に該当する
ため（著10条1項1号及び8号），原則として，料理本Aのページを無断でFAX
して複製することはできません（著21条）。ただし，個人的に又は家庭内におい
て使用する場合には，著作権者の許諾を得なくとも，著作物の複製を行うことが
できます（著30条1項）。したがって，料理本AのページをFAXで自分の父親に
送ったとしても，著作権法上，問題にはなりません。

96 正解: ○（適切）

97 正解: イ

　権利者に無断で，スキャナーを使って料理本Aの内容をデジタルデータにして自分のタブレット端末に保存することは複製に該当し（著2条1項15号），原則として，複製権の侵害となりますが（著21条），自分のタブレット端末で読めるように，自宅のスキャナーを使って料理本Aの内容をデジタルデータにしてタブレットに保存することは，個人的に又は家庭内その他これに準ずる限られた範囲内において使用するための複製に該当し，複製権の侵害にはなりません（著30条1項柱書）。また，購入した料理本をスキャナーでデジタルデータにしただけなので，著作者人格権（著18条〜20条）の侵害になりません。

著作権法

98 ～ 99

(33回　実技　問13～問14)

　X社の法務部の部員**甲**は，X社の社員からコンテンツの利用方法について相談を受けている。発言1はその相談内容である。

発言1　「広報部の企画で社員食堂で社員にインタビューしている様子を撮影したところ，この写真Aに，画家**乙**が描いた風景画の一部分が，社員の後ろに小さく写っていました。写真Aをわが社の社内報に掲載するためには，**乙**の許諾を得る必要がありますよね。」

　以上を前提として，**問98～問99**に答えなさい。

98　発言1について，適切と考えられる場合は「○」と，不適切と考えられる場合は「×」と答えなさい。

99　問98において，適切又は不適切であると判断した理由として，最も適切と考えられるものを【理由群Ⅳ】の中から1つだけ選びなさい。

【理由群Ⅳ】

ア　著作権を侵害する場合にあたるため

イ　著作物の定義にあてはまらないため

ウ　著作権が制限される場合にあたるため

エ　私的使用目的にあたるため

解答解説

98 正解: ×（不適切）

99 正解: ウ

　画家乙が描いた風景画は絵画の著作物に該当し（著2条1項1号，10条1項4号），画家乙は著作者として著作権を有します（著2条1項2号，17条1項）。乙に無断で当該風景画を複製すると原則として乙の複製権の侵害となりますが（著21条），一定の場合には侵害とはなりません。ここで，写真等の著作物に写り込んだ，分離困難な他の著作物（当該写真等の著作物における軽微な構成部分となるものに限る。以下，「付随対象著作物」という）は，原則として，権利者の許諾を得なくても複製することができます（著30条の2第1項）。インタビューしている様子を撮影した写真に小さく写り込んだ風景画は付随対象著作物に該当するので，著作権法30条の2第1項の規定の適用により権利者の許諾なく利用することができます。

著作権法

29.著作隣接権

- 著作権法では，**実演家**を俳優，舞踊家，演奏家，歌手その他実演を行う者および実演を指揮し，または演出する者と定義している
- 実演家の**実演家人格権**は，**氏名表示権**と**同一性保持権**であり，**公表権**は有していない
- 実演家が映画の著作物において，実演の録音・録画を許諾したときは，その後の**録音・録画**に関して実演家の権利は及ばないとされており，これを**ワンチャンス主義**という
- **レコード製作者**の権利には，複製権，送信可能化権，譲渡権，貸与権等のほかに**商業用レコードの二次使用料**を受ける権利がある
- **放送事業者**は，複製権，（再）放送権，送信可能化権，テレビジョン放送の伝達権の権利を有し，有線放送事業者も放送事業者と同様の権利を有する

学科問題

100

（38回　学科　問4）

ア～エを比較して，著作隣接権に関して，最も**不適切**と考えられるものはどれか。

ア 放送の保護期間は，その放送を行った時に始まり，その放送が行われた日の属する年の翌年から起算して50年を経過するまでである。

イ 実演の保護期間は，その実演を行った時に始まり，その実演が行われた日の属する年の翌年から起算して70年を経過するまでである。

ウ 有線放送の保護期間は，その有線放送を行った時に始まり，その有線放送が行われた日の属する年の翌年から起算して50年を経過するまでである。

エ レコードの保護期間は，そのレコードの販売をした時に始まり，そのレコードの販売が開始された日の属する年の翌年から起算して70年を経過するまでである。

解答解説

100　　　　　　　　　　　　　　　　　　　　　　　　　　**正解: エ**

ア　適切

　放送の保護期間は，その放送を行った時に始まり（著101条1項3号），その放送が行われた日の属する年の翌年から起算して50年を経過するまでです（著101条2項3号）。

イ　適切

　実演の保護期間は，その実演を行った時に始まり（著101条1項1号），その実演が行われた日の属する年の翌年から起算して70年を経過するまでです（著101条2項1号）。

ウ　適切

　有線放送の保護期間は，その有線放送を行った時に始まり（著101条1項4号），その有線放送が行われた日の属する年の翌年から起算して50年を経過するまでです（著101条2項4号）。

エ　不適切

　レコードの保護期間は，そのレコードの販売を開始した時ではなく，その音を最初に固定した時に始まり（著101条1項2号），そのレコードの販売が開始された日の属する年の翌年から起算して70年を経過するまでです（著101条2項2号）。

著作権法

30.著作権の侵害と救済

・他人の著作物に**依拠**して作成された著作物であっても，原著作物の**本質的特徴**を**感得**できなくなる程度まで新たな創作性が加えられていれば，著作権侵害にはならない
・著作権を侵害する者に対して，財産的損害だけではなく精神的損害についても**慰謝料**を請求することができる
・著作権の登録制度

実名の登録	無名または変名で公表した著作物について，実名の登録ができる
第一発行（公表）年月日等の登録	その日に最初の発行（公表）があったものと推定を受けられる
創作年月日の登録	プログラムの著作物について，創作年月日の登録ができる
著作（財産）権の登録	著作（財産）権の移転は，登録しておくと第三者に対抗できる

・著作権を侵害した場合の**刑事罰**は，**故意**に侵害した場合に限られ，**過失**による侵害のときには刑事罰は課されない

学科問題

101

(40回　学科　問4)

　ア～エを比較して，著作権等の侵害に関して，最も適切と考えられるものはどれか。

ア　違法にアップロードされた著作物のうち，音楽又は映像を私的使用目的でダウンロードする行為は違法であるが，漫画，書籍，論文，コンピュータプログラムをダウンロードする行為は違法ではない。

イ　いわゆるリーチサイトの運営行為やリーチアプリの提供行為について，刑事罰が科されることがある。

ウ　著作隣接権を侵害した者に対して刑事罰が科せられることはない。

エ　著作権法上の罪はすべて親告罪である。

101　　　　　　　　　　　　　　　　　　　正解: イ

ア　不適切

　違法にアップロードされた著作物のうち，音楽又は映像を私的使用目的でダウンロードする行為は，著作権法上，違法行為に該当します（著30条1項3号）。また，令和3年の著作権法改正により，漫画，書籍，論文，コンピュータプログラムをダウンロードする行為も，著作権法上の違法行為となりました（著30条1項4号）。

イ　適切

　公衆を侵害著作物等にことさらに誘導するものであると認められるウェブサイト（いわゆるリーチサイト）の運営やプログラム（いわゆるリーチアプリ）の提供は，著作権侵害行為となる場合があり，刑事罰が科されることがあります（著113条2項1号，2号，119条1項）。

ウ　不適切

　著作隣接権の侵害は，刑事罰の対象になります（著119条1項）。

エ　不適切

　著作権法上の罪は，公益性よりも私益性のほうが強いものについては，親告罪になります（著123条1項）。しかし，すべての罪が親告罪になるわけではなく，一定の罪は非親告罪となります（著123条2項）。

著作権法

102 ～ 105

　X社の法務部の部員**甲**は，X社の社員からコンテンツの利用方法について相談を受けている。発言2～3はその相談内容である。

発言2 「Y大学の教授**丙**が，著作権法改正について，資料Bにわかりやすくまとめていたので，資料Bをわが社の法務部の人数分コピーして全員に配付しようと思います。資料Bは法律に関するものなので，**丙**の許諾を得る必要はありませんよね。」

発言3 「社員**丁**が欧州の国々の首都と公用語についてアルファベット順に列挙しただけのデータCに，欧州旅行が趣味の社員**戊**が，プライベートでそれらの国々へ旅行したときの感想文Dと写真Eを勝手に付け加えた記事を書きました。データC，感想文D及び写真Eを，私自身のブログに掲載しようと思い，**戊**の許諾は得たのですが，**丁**にも許諾を得る必要がありますよね。」

　以上を前提として，**問102～問105**に答えなさい。

102 発言2について，適切と考えられる場合は「○」と，不適切と考えられる場合は「×」と答えなさい。

103 問102において，適切又は不適切であると判断した理由として，最も適切と考えられるものを【理由群Ⅳ】の中から1つだけ選びなさい。

104 発言3について，適切と考えられる場合は「○」と，不適切と考えられる場合は「×」と答えなさい。

105 問104において，適切又は不適切であると判断した理由として，最も適切と考えられるものを【理由群Ⅳ】の中から1つだけ選びなさい。

【理由群Ⅳ】

ア 著作権を侵害する場合にあたるため

イ 著作物の定義にあてはまらないため

ウ 著作権が制限される場合にあたるため

エ 私的使用目的にあたるため

---

102   正解: ×（不適切）

103   正解: ア

　当該資料は言語の著作物に該当し（著2条1項1号，10条1項1号），その作成者である丙は，著作者として著作権を有します（著2条1項2号，17条1項）。丙に無断で当該資料を法務部の人数分コピーして全員に配付することは，原則として丙の複製権の侵害になります（著21条）。なお，著作権法において，法律は権利の目的にはなりませんが（著13条1号），著作権法改正についてわかりやすくまとめた資料は，権利の目的になります。

104   正解: ×（不適切）

105   正解: イ

　著作物とは思想又は感情を創作的に表現したものですが（著2条1項1項），欧州の国々の首都と公用語の二項目を五十音順に記載しただけのデータは，思想又は感情を伴わない単なるデータなので著作物に該当しません。また，その名前と場所の選択や配列にも創作性はなく編集著作物（著12条1項）にも該当しません。したがって，丁は著作者にはなりえません。また，二次的著作物とは，著作物を翻案することにより創作した著作物をいうので（著2条1項11号），著作物でないものを翻案しても二次的著作物には該当しません。したがって，丁は二次的著作物の原著作物の著作者にもなりえません。したがって，コンテンツCを利用する場合には，丁の許諾は必要ではありません。

その他の
知的財産に
関する法律

その他の知的財産に関する法律

31.不正競争防止法

重要Point

· **不正競争行為**の類型

周知表示混同惹起行為	他人の周知な商品等表示を使用するなどして,他人の商品等と混同を生じさせる行為
著名表示冒用行為	他人の著名な商品等表示を使用するなどの行為
商品形態模倣行為	他人の商品の形態を模倣した商品を販売等する行為
営業秘密不正取得等行為	不正な手段により営業秘密を取得等する行為
原産地等誤認惹起行為	商品等の品質を誤認させるような表示をする等の行為
競争者営業誹謗行為	競争関係にある他人の信用を失わせるような行為

学科問題

106

（37回　学科　問40）

　ア～エを比較して,不正競争防止法に規定されている不正競争行為に関して,最も適切と考えられるものはどれか。

ア　不正の利益を得る目的で,他人の特定商品等表示と同一又は類似のドメイン名を使用する行為は,不正競争行為に該当する。

イ　商品にその商品の製造方法について誤認させるような表示をする行為は,不正競争行為に該当しない。

ウ　プログラムの実行が営業上の理由で用いられている技術的制限手段により制限されている場合に,その制限を無効にする機能を持つ装置を販売する行為は,不正競争行為に該当しない。

エ　競争関係にある他人の営業上の信用を害する客観的真実を告知又は流布する行為は,不正競争行為に該当する。

 解答解説

106　　　　　　　　　　　　　　　　　　　　　　　　　　**正解: ア**

ア　適切
　不正の利益を得る目的で，他人の特定商品等表示と同一又は類似のドメイン名を使用する行為は，不正競争行為に該当します(不競2条1項19号)。

イ　不適切
　商品に対して，その商品の製造方法について誤認させるような表示をする行為は，不正競争行為に該当します(不競2条1項20号)。

ウ　不適切
　営業上用いられている技術的制限手段により制限されているプログラムの実行又は記録を当該技術的制限手段の効果を妨げることを可能とする機能を有する装置を譲渡等する行為は，不正競争行為に該当します(不競2条1項17号)。

エ　不適切
　競争関係にある他人の営業上の信用を害する情報が虚偽である場合には，その情報を告知又は流布する行為は，不正競争行為に該当します(不競2条1項21号)。ただし，告知又は流布した情報が真実である場合には，不正競争行為には該当しません。

不正競争防止法

107　　　　　　　　　　　　　　　　　　　　　　　（34回　実技　問19）

　文房具メーカーX社の知的財産部の部員**甲**が，新しく発売を予定している商品Aについて事業部の部長に説明をしている。**ア〜エ**を比較して，**甲**の発言として，最も適切と考えられるものはどれか。

ア　「商品Aの形態については，意匠法と不正競争防止法により保護を受けることができます。意匠登録をしておけば，わが社の商品の形態に類似する形態を持つ模倣品を排除することが可能です。また，不正競争防止法の場合には，実質的に同一の形態についての模倣品を排除することができます。」

イ　「今回発売する商品Aの製品寿命は6年程度だと聞いていますので，他社によってデッドコピーされた場合に，意匠権を取得せずとも，不正競争防止法によって十分対応できると思います。」

ウ　「商品Aの形態については，意匠法及び不正競争防止法において，差止請求及び損害賠償請求が可能です。但し，不正競争防止法の場合は，理由の如何を問わず，刑事上の措置をとることはできません。」

エ　「他社が製造した商品Aのデッドコピーである商品Bを卸売業者が転売した場合に，卸売業者に重過失がないときでも，不正競争防止法によって卸売業者の商品Bの販売を止めることができます。」

解答解説

107　　　　　　　　　　　　　　　　　　　　　　　　正解: ア

ア　適切

　商品Ａが意匠法上の物品に該当し，かつ，意匠法の登録要件を満たしている場合には，商品Ａに係る意匠は意匠登録を受けることができます。そして，意匠登録を受けることにより商品Ａの形態に類似する形態を持つ商品（商品Ａが属する物品と同一又は類似の物品に限る）についての模倣を防ぐことが可能です（意23条）。さらに，商品Ａの形態については，不正競争防止法により保護を受けることができる場合があり，例えばデッドコピー品などの商品Ａの形態を模倣した商品の販売等を防ぐことができます（不競２条１項３号）。

イ　不適切

　商品Ａの形態を模倣した商品の販売を不正競争防止法によって規制することができるのは，商品Ａを日本国内で最初に販売してから３年を経過するまでの期間に限られます（不競19条１項５号イ）。したがって，商品Ａの製品寿命が６年程度であるならば，最初の販売から３年を経過した後にも保護が必要となると考えられ，不正競争防止法による規制だけでは十分に対応することができません。

ウ　不適切

　商品Ａの形態を模倣した商品を不正の利益を得る目的で販売等した者に対しては，不正競争防止法により，懲役や罰金などの刑事上の措置をとることが可能です（不競21条２項３号）。

エ　不適切

　卸売業者が商品Ｂを購入した時にその商品Ｂがデッドコピー品であることを知らず，かつ，知らないことにつき重過失がないときは，不正競争防止法による差止請求の適用対象外となるため（不競19条１項５号ロ），卸売業者の商品Ｂの販売を止めることができません。

不正競争
防止法

108　　　　　　　　　　　　　　　　　　　　　**（36回　実技　問26）**

　金属製品メーカーX社の研究開発部の部員**甲**が，防錆処理方法に関する発明A
を創作した。X社の法務部において，発明Aについて，特許出願をするか営業秘
密として管理するかを検討するための会議をしている。**ア～エ**を比較して，**甲**の
発言として，最も**不適切**と考えられるものはどれか。

ア　「発明Aについて営業秘密としての管理を徹底していれば，独自に発明Aを開
　　発した他社に対しても侵害の差止めを請求することができますので，営業秘
　　密として管理しましょう。」

イ　「発明Aについて営業秘密として認められるためには，発明Aが秘密として管
　　理されているということが客観的に認識できることが必要です。」

ウ　「発明Aが，たとえ30年の歳月を費やしたとしても他社には実現できないと
　　予想される優れた発明である場合には，営業秘密として管理すべきだと思い
　　ます。」

エ　「発明Aが，他社に無断で実施されると発見が困難な場合には，営業秘密とし
　　て管理すべきだと思います。」

解答解説

108　　　　　　　　　　　　　　　　　　　　　　　正解: ア

ア　不適切

　発明Aについて営業秘密として管理していた場合，その営業秘密に関する不正競争行為（不競2条1項4号〜10号）を行う者に対しては差止請求をすることができます（不競3条）。しかし，独自に発明Aを開発した他社が発明Aを実施していたとしても，不正競争行為に該当しないので，その行為に対して差止請求をすることはできません。

イ　適切

　発明Aについて営業秘密として認められるためには，発明Aが秘密として管理されていることが必要です（不競2条6項）。ここで，秘密に管理されているという要件を満たす上では，客観的に見て，その情報が秘密に管理されていると認識できることが必要です。

ウ　適切

　特許権を取得した場合，特許出願の日から20年が経過した後は，誰でも特許発明を自由に実施できるようになります（特67条1項）。一方，発明について営業秘密として管理した場合，秘密状態が維持できる限り，その営業秘密を模倣されないようにすることができます。したがって，発明Aが他社には実現できない発明である場合には，営業秘密として管理するのが適切です。

エ　適切

　特許権を取得していたとしても，特許権の侵害行為を発見できなければ，その行為を差止めることができません。したがって，発明Aが他社に無断で実施されると発見が困難な場合には，営業秘密として管理するのが適切です。

32.民法

重要Point

- **契約**は，内容が**確定**でき，**適法**なもので，内容が**適法**かつ**社会的に妥当**と認められるものでなくてはならない
- 契約者には，**権利能力**，**意思能力**および**行為能力**が必要とされている
- **瑕疵**ある意思表示

心裡留保	真意ではないことを知りながら意思表示をすること
虚偽表示	相手方と通じて真意ではない意思表示をすること
錯誤	表意者が気付かぬまま， 内心の意思とは異なる表示行為で意思表示をすること
詐欺	欺いて他人を錯誤に陥らせ， それにより意思表示させること
強迫	他人に害意を示して恐怖の念を生じさせ， それにより意思表示させること

学科問題

109

（39回　学科　問26）

　ア～エを比較して，契約に関して，最も適切と考えられるものはどれか。

ア　特許権に係るライセンス契約は，契約書を作成しなければ成立しない。
イ　契約相手が契約内容を履行していない場合であっても，国家権力を用いてその契約内容を実現させることはできない。
ウ　特許権の譲渡契約において，その特許権がすでに存続期間満了で消滅している場合は，その譲渡契約は無効である。
エ　契約書の標題を覚書としておけば，契約の成立を回避することができる。

解答解説

109

ア　不適切

　特許権に係るライセンス契約は，契約書を作成しなくても契約の両当事者の意思表示が合致した時点で成立します。

イ　不適切

　契約相手が契約内容を履行していない場合，その強制履行を裁判所に請求することができます（民414条1項）。つまり，契約内容を履行していない相手方に対して，国家権力を用いてその契約内容を実現させることは可能です。

ウ　適切

　契約は，適法な内容でなければ有効に成立しません。特許権がすでに存続期間満了で消滅している場合は，その特許権を譲渡することは不可能ですので，そのような状況の下で特許権の譲渡契約を交わしたとしても，その譲渡契約は無効となります。

エ　不適切

　契約は，申込の意思表示と承諾の意思表示が合致した時点で成立するので，契約書の標題を覚書とした場合であっても，契約当事者間で意思表示が合致しているのであれば，その契約は有効に成立します。

民法

110

　ア～エを比較して，契約における意思表示に関して，最も適切と考えられるものはどれか。

ア　詐欺とは，欺いて他人を錯誤に陥らせ，それにより意思表示をさせることである。

イ　虚偽表示とは，表意者が気づかぬまま，内心の意思とは異なる表示行為で意思表示をすることである。

ウ　強迫とは，真意でないことを知りながら意思表示をさせることである。

エ　心裡留保とは，相手方と通じて真意ではない意思表示をすることである。

解答解説

110

ア　適切

　錯誤とは，欺いて他人を錯誤に陥らせ，それにより意思表示をさせることです。

イ　不適切

　虚偽表示とは，表意者が相手方と通謀してなした虚偽の意思表示であり，表意者が気づかぬまま，内心の意思とは異なる表示行為で意思表示をすることではありません。

ウ　不適切

　強迫とは，暴行・監禁あるいは害を加える旨の告知をして人に恐怖の念を生じさせることでなされた意思表示であり，真意でないことを知りながらなされた意思表示ではありません。

エ　不適切

　心裡留保とは，表意者が真意でないと知りながらした意思表示であり，相手方と通じてした真意ではない意思表示ではありません。

111

　靴メーカーX社は，自社ブランドMについて衣料品関係でも商品展開することとし，衣料品メーカーY社との間で，ブランドMについての商標ライセンス契約を締結した。Y社は，契約に基づいてブランドMのタグがついたポロシャツの製造販売を開始した。ところが，契約締結後6カ月が経過しライセンス料の支払期限が到来しているにもかかわらず，X社はY社からのライセンス料の支払が確認できていない。**ア～エ**を比較して，X社がY社に対してとることができる措置として，最も**不適切**と考えられるものはどれか。

ア　X社は，Y社にライセンス料の支払を求めるため，X社の本店所在地の管轄裁判所に訴えを提起することができる場合がある。

イ　X社は，契約違反を理由として，Y社の倉庫に赴き，ポロシャツについたブランドMのタグを切り取り，持ち帰ることができる。

ウ　X社は，契約違反を理由として，Y社にライセンス料の支払催告をし，その後に相当の期間が経過しても債務が履行されない場合は，契約を一方的に解除することができる。

エ　Y社の未払によって被った損害がある場合，X社は，契約違反を理由として，Y社に損害賠償を請求することができる。

解答解説

111

ア　適切

　債務者（Y社）が債務を履行しない場合，債権者（X社）は，その強制履行を裁判所に請求することができます（民414条）。なお，裁判の訴えは，普通裁判籍，特別裁判籍，独立裁判籍などの要件を満たす裁判所にすることができます。これらの裁判籍の要件に合う状況であれば，X社は，X社の本店所在地の裁判所に訴えを提起することができます（民事訴訟法4条〜6条の2）。

イ　不適切

　わが国では，債権者が債務不履行を理由にして自力救済を行うことを認めていません。契約違反であっても，債権者（X社）が債務者（Y社）の倉庫に赴き，契約に係る商品やそれに相当する物品を持ち帰ることはできません。

ウ　適切

　契約当事者の一方が債務を履行しない場合，相手方が相当の期間を定めてその履行を催告し，その後も債務が履行されないときには，当該相手方は，契約を一方的に解除することができます（民541条）。

エ　適切

　債務不履行によって被った損害が生じた場合，債権者（X社）は，契約違反を理由として，債務者（Y社）に対して損害賠償を請求することができます（民415条）。

民法

その他の知的財産に関する法律
33.独占禁止法

重要Point

私的独占	他の事業者の活動を**排除**して**支配**し、競争を実質的に制限する行為
不当な取引制限	**カルテル**や**入札談合**など、公正な競争を阻害する行為
不公正な取引方法	公正な競争を妨げるおそれがあるもののうち、**公正取引委員会が指定**する行為

- **独占禁止法**は、**公正取引委員会**により運用され、事務所などに立入調査、違反者に対し排除措置や課徴金の納付を命ずることや、違反事業者に対して**懲役**や**罰金**などを課すこともできる
- 特許権のライセンス契約において、ライセンスを受ける側に対して、特許権者の**権利行使の範囲を超えた要求**をした場合には、独占禁止法違反に該当することがある

学科問題

（36回　学科　問16）

112

ア～エを比較して、独占禁止法に関して、最も適切と考えられるものはどれか。

ア パテントプールは、参加者に課すルールが利便性の向上のために合理的に必要と認められるものであっても、独占禁止法上の問題を生じることがある。

イ 特許ライセンス契約において、ライセンスを受けた者に、契約終了後に競合品を取り扱うことを禁止させることは、不当な取引制限に該当するおそれがある。

ウ 独占禁止法で禁止されている行為によって被害を受けた者は、差止めを請求することはできるが、損害賠償を請求することはできない。

エ 同業他社に対して特許の実施を許諾する契約の際に、実施品及びその類似品の販売価格について協定を結ぶことは、不公正な取引方法となるおそれがある。

解答解説

112

ア　適切

パテントプールは，複数の権利者が所有する特許等を相互に使用可能とすることで，当該特許等の利用価値を高め，権利者間の技術交流を促進するなど競争を促進する効果を有し得るものです。ただし，特許製品等の販売価格などについての制限をパテントプール内で課す等し，これにより市場における競争が実質的に制限される場合には，不当な取引制限に該当するとして独占禁止法上の問題となることがあります（公正取引委員会：知的財産の利用に関する独占禁止法上の指針）。

イ　不適切

特許ライセンス契約終了後に，特許ライセンスを受けた者が競合品を取り扱うことを禁止することは，一般的に不公正な取引方法に該当すると考えられます。

ウ　不適切

独占禁止法で禁止されている行為によって被害を受けた者は，その行為をした事業者に対して，損害賠償を請求することができます（独25条1項）。

エ　不適切

他社に対して特許の実施を許諾する契約において成果物及びその類似品の「販売価格」について協定を結ぶことは，事業者同士で相互にその事業活動を拘束することにより公共の利益に反して競争を制限する行為に該当する場合には，「不当な取引制限」となりえます（公正取引委員会：知的財産の利用に関する独占禁止法上の指針）。

独占禁止法

113

　ア〜エを比較して，特許ライセンス契約における，独占禁止法上の不公正な取引方法に該当するおそれが低いものとして，最も適切と考えられるものはどれか。

ア　ライセンスを受けた者に対し，特許ライセンスに係る製品を販売する価格を制限すること

イ　ライセンスを受けた者が開発した改良発明について，ライセンスをした者に独占的な実施権の許諾をする義務を課すこと

ウ　ライセンスを受けた者に対し，特許ライセンスに係る製品を輸出し得る地域を制限すること

エ　ライセンスを受けた者に対し，ライセンス契約終了後に競合品を取り扱うことを禁止すること

解答解説

113　　　　　　　　　　　　　　　　　　　　　　　　**正解: ウ**

ア　不適切

ライセンスを受けた者に対し，ライセンスの許諾に係る製品を販売する価格を制限することは，公正な競争を阻害する行為であるため，独占禁止法上の不公正な取引方法に該当するおそれが高いと考えられます（公正取引委員会HP：知的財産の利用に関する独占禁止法上の指針　第4　4（3））。

イ　不適切

ライセンスを受けた者がした改良発明について，ライセンスをした者に独占的な実施権の許諾をする義務を課すことは，ライセンスを受けた者の研究開発意欲を損ねるものであるため，独占禁止法上の不公正な取引方法に該当するおそれが高いと考えられます（公正取引委員会HP：知的財産の利用に関する独占禁止法上の指針　第4　5（8））。

ウ　適切

ライセンスを受けた者に対し，特許ライセンスに係る製品を輸出し得る地域を制限することは，特許権の行使と認められる行為であり，独占禁止法上の不公正な取引方法に該当するおそれが低いと考えられます。

エ　不適切

ライセンス契約終了後に，ライセンスを受けた者に対し，競合品を取り扱うことを禁止することは，ライセンスを受けた者による技術の効率的な利用や技術取引を妨げるため，独占禁止法上の不公正な取引方法に該当するおそれが高いと考えられます（公正取引委員会HP：知的財産の利用に関する独占禁止法上の指針　第4　4（4））。

独占禁止法

重要Point

- 日本国では，植物の品種について，**特許法**および**種苗法**で保護を受けることができる
- **品種登録要件**

区別性	出願時に国内外で公知の品種から明確に区別できること
均一性	同一の繁殖段階に属する植物体のすべてが，特性の全部において十分に類似していること
安定性	繰り返し繁殖させた後においても,特性の全部が変化しないこと
未譲渡性	出願日から国内で1年（外国では4年）さかのぼった日より前に業として譲渡されていないこと

- 品種登録を受けようとする者は，**農林水産大臣**に出願書類を提出し，出願が受理されると農林水産大臣によって**遅滞なく出願公表**が行われる
- 育成者権者は登録品種と同一および当該登録品種と特性により明確に区別されない品種を業として**利用する権利**を有する
- **試験**または**研究目的**の場合や，特許を有する者がその**特許された方法により登録品種の種苗を利用**する場合は，育成者権者の許諾がなくても利用することができる

学科問題

114
（38回　学科　問9）

ア～エを比較して，種苗法に基づく品種登録に関して，最も**不適切**と考えられるものはどれか。

ア 種苗法の目的は，品種の育成の振興を図り，農林水産業の発展に寄与することである。

イ 品種登録出願が拒絶された場合，拒絶査定不服審判を請求することができる。

ウ 出願品種の種苗が，日本国内において品種登録出願の日前に，業として譲渡されていた場合には，品種登録を受けることができない場合がある。

エ 育成者権の存続期間は，品種登録の日から25年（永年性植物にあっては30年）である。

114　　　　　　　　　　　　　　　　　　　　　　　　　**正解: イ**

ア　適切

　種苗法の法目的は，品種の育成の振興と種苗の流通の適正化を図り，農林水産業の発展に寄与することです(種1条)。

イ　不適切

　種苗法では，特許法等のように拒絶査定に対する不服申立手段として拒絶査定不服審判は規定されていないため，品種登録出願が拒絶された場合であっても拒絶査定不服審判を請求することはできません。

ウ　適切

　出願品種の種苗又は収穫物が日本国内において品種登録出願の日から1年さかのぼった日前に，業として譲渡されていた場合には，その出願品種について品種登録を受けることはできません(種4条2項)。

エ　適切

　育成者権の存続期間は，品種登録の日から25年(永年性植物にあっては30年)となります(種19条2項)。

115

　ア～エを比較して，育成者権の効力が及ばない行為として，最も**不適切**と考えられるものはどれか。

ア　育成者権者以外の者が，品種登録の日から35年経過後に登録品種の種苗を生産する行為

イ　育成者権者以外の者が，育成者権者から登録品種と特性により明確に区別されない品種の種苗を譲り受けた場合において，当該種苗を用いて得られる収穫物を生産する行為

ウ　育成者権者以外の者が，登録品種の種苗を試験又は研究のために利用する行為

エ　育成者権者以外の者が，登録品種の種苗を譲渡するために保管する行為

解答解説

115

ア　適切

　育成者権の存続期間は，原則として品種登録の日から25年もしくは30年です（種19条2項）。したがって，品種登録の日から35年経過後の育成者権は消滅しているので，その後に当該育成者権に係る登録品種の種苗を育成者権者以外の者が生産したとしても，その行為には育成者権の効力は及びません。

イ　適切

　育成者権者以外の者が，育成者権者から登録品種，又は登録品種と特性により明確に区別されない品種の種苗を譲り受けた場合において，その譲渡された種苗を利用する行為，例えば，当該種苗を用いて得られる収穫物を生産する行為に対しては，育成者権の効力は及びません（種21条2項）。

ウ　適切

　種苗法では，登録品種の種苗を試験又は研究のために利用する行為を，育成者権の効力が及ばない行為として規定しています（種21条1項1号）。

エ　不適切

　育成者権者は，登録品種を業として利用する権利を専有します（種20条1項）。ここで，登録品種の利用行為には，登録品種の種苗を譲渡するために保管する行為が含まれます（種2条5項1号）。したがって，育成者権者以外の者が，登録品種の種苗を譲渡するために保管する行為には，育成者権の効力が及びます。

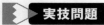

X社の開発担当者は，新品種の「いちご」について，種苗法に基づく品種登録を検討している。**ア～エ**を比較して，品種登録手続に関して，最も**不適切**と考えられるものはどれか。

ア　品種登録の出願者は，原則として，出願1件毎に所定の出願料を納付しなければならない。

イ　農林水産大臣は，品種登録出願について拒絶しようとするときは，その出願者に対し，拒絶理由を通知し，相当の期間を指定して，意見書を提出する機会を与えなければならない。

ウ　品種登録の出願は，当該品種の育成を完了してから1年以内に行う必要がある。

エ　農林水産大臣は，品種登録の出願を受理したときは，当該出願について出願公表をしなければならない。

116   正解: **ウ**

ア　適切

出願者は，原則として，出願1件毎に所定の出願料を納付しなければなりません(種6条1項)。

イ　適切

農林水産大臣は，品種登録出願について拒絶しようとするときは，その出願者に対し，拒絶理由を通知し，相当の期間を指定して，意見書を提出する機会を与えなければなりません(種17条3項)。

ウ　不適切

種苗法において，品種登録の出願を，当該品種の育成を完了してから1年以内に行わなければならないという規定はありません。なお，日本国内において出願品種の種苗又は収穫物が業として譲渡された場合には，譲渡後1年以内に出願をしなければ，品種登録を受けることができません(種4条2項)。

エ　適切

農林水産大臣は，品種登録の出願を受理したときは，遅滞なく当該出願について出願公表をしなければなりません(種13条1項柱書)。

種苗法

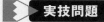

117　　　　　　　　　　　　　　　　　　　　　　　（41回　実技　問27）

　種苗会社Ｘ社の研究者**甲**は，品種Ａの品種改良に成功し，その成果をどのように保護するかについて，知的財産部の部員**乙**に相談した。**ア～エ**を比較して，**甲**の相談に対する**乙**の回答として，最も適切と考えられるものはどれか。

ア　「品種改良の成果に関して，特許出願又は品種登録出願のいずれもすることができますが，先に品種登録出願をすると，特許出願がその品種登録出願の存在により先願を理由に拒絶されることがあります。」

イ　「品種改良の成果に関して，品種登録を受けた場合であっても，他人がその品種に関する発明について特許を受けた場合には，当該他人の特許発明の実施に育成者権の効力が及ばないことがあります。」

ウ　「品種登録を受けるには，出願時に日本国内で公知の品種から，明確に区別できなければなりませんので調査が必要ですが，海外で公知の品種については特に調査は必要ありません。」

エ　「品種改良の成果に関して，特許を受けた場合であっても，他人がその品種に関して品種登録を受けた場合には，当該他人の育成者権に基づく登録品種の種苗の利用に特許権の効力が及ばないことがあります。」

解答解説

117

ア　不適切

　同一の品種について二以上の品種登録出願があったときは，最先の出願者に限り品種登録を受けることができます（種9条1項）。一方，同一の品種について特許出願及び品種登録出願がされたとしても，両出願の間では先後願関係がありません。このため，ある品種について先に品種登録出願がされたとしても，同じ品種について後に行った特許出願がその品種登録出願を先願として拒絶されることはありません。

イ　適切

　品種改良の成果について品種登録を受けた場合であっても，他人がその品種に関する発明について特許を受けたときには，その他人の特許発明の実施に対して育成者権の効力が及ばないことがあります（種21条1項2号）。

ウ　不適切

　品種登録を受けるためには，品種登録出願前に日本国内又は外国において公然知られた他の品種と特性の全部又は一部によって明確に区別されることが必要です（種3条1項1号）。したがって，品種登録を受けるためには，出願時に日本国内で公知の品種について調査するとともに，海外で公知の品種についても調査することが必要となります。

エ　不適切

　上述イのとおり，その登録品種に関する発明について他人が特許を受けた場合に，当該他人の特許発明の実施行為に対して育成者権の効力が及ばないことがあります（種21条1項2号）。一方，品種改良の成果について特許を受けた場合は，その品種について他人が品種登録を受けたとしても，当該他人の育成者権に基づく登録品種の種苗を利用する行為に対して，特許権の効力が及びます。

種苗法

35.関税法

重要Point

- **関税法**では，特許権や意匠権等の権利化されたもののみが対象ではなく，不正競争防止法に掲げる行為により組成される物品も関税法で規定される**輸出または輸入してはならない貨物**の対象となる
- 輸出または輸入してはならない貨物に該当すると**税関長**が判断したときは，**認定手続**が取られ，同時に，その貨物に係る特許権者等および輸出または輸入しようとする者に対し，**認定手続**を取る旨や，**証拠**の**提出**や**意見を述べる**ことが可能な旨が通知される
- 輸出者や輸入者だけではなく，特許権者等も，税関長に証拠を提出し，認定手続をとるよう申し立てることができる
- 特許権者等からの申し立てにより認定手続が取られた輸出入者は，税関長に対し，認定手続を取り止めるよう求めることができる
- 税関長は輸出または輸入してはならない貨物に該当すると認定したときは，それらの貨物を**没収**して**廃棄**できる

学科問題

118

　ア～エを比較して，関税法における知的財産侵害物品に関して，最も適切と考えられるものはどれか。

ア　特許権を侵害する物品は輸入してはならない貨物であるが，著作権を侵害する物品は輸入してはならない貨物に該当しない。

イ　著作権を侵害する物品は輸入してはならない貨物であるが，著作隣接権を侵害する物品は輸入してはならない貨物に該当しない。

ウ　意匠権を侵害する物品，商標権を侵害する物品は，いずれも輸入してはならない貨物に該当しない。

エ　特許権を侵害する物品，著作権を侵害する物品は，いずれも輸入してはならない貨物に該当する。

解答解説

118　　　　　　　　　　　　　　　　　　　　　　　**正解: エ**

　関税法では，輸入してはならない貨物として，特許権，実用新案権，意匠権，商標権，著作権，著作隣接権，回路配置利用権又は育成者権を侵害する物品を規定しています（関69条の11第1項9号）。

119

　オートバイメーカーX社は，オートバイAに関する意匠権Dを有している。X社の中国駐在員**甲**からX社の知的財産部の部員**乙**に対して，中国でオートバイAに類似するオートバイBが販売されており，Y社がオートバイBを輸入しようとしていることが知らされた。**ア～エ**を比較して，乙の考えとして，最も適切と考えられるものはどれか。

ア　Y社のオートバイBの輸入を差し止めるために，X社は特許庁長官に証拠を提出し，認定手続をとるように申し立てることができる。

イ　X社の認定手続の申立ての際には，意匠権Dが有効であることを明らかにする必要がある。

ウ　X社は，オートバイBの見本の検査をすることを承認するように申請することはできない。

エ　Y社は，X社から認定手続の申立てがあった場合，その認定手続の取りやめを求めることはできない。

解答解説

119　　　　　　　　　　　　　　　　　　　　　　正解: **イ**

ア　不適切

　意匠権者は，自己の意匠権を侵害すると認める貨物に対し，その侵害の事実を疎明にするために必要な証拠を提出して認定手続をとるよう申立てることができますが，証拠の提出先は特許庁長官ではなく税関長です（関69条の13第1項）。

イ　適切

　上述アのとおり，意匠権者は，税関長に必要な証拠を提出して認定手続をとるよう申立てることができます（関69条の13第1項）。この際，意匠権者は，その意匠権が有効であることを証明しなければなりません。

ウ　不適切

　認定手続の申立てが受理された意匠権者は，輸入しようとする貨物について認定手続がとられている間に限り，税関長に対し，当該貨物の見本の検査をすることを承認するように申請することができます（関69条の16第1項）。

エ　不適切

　認定手続の申立てが受理された意匠権者の申立てに係る貨物について認定手続がとられたとき，当該貨物を輸入しようとする者は，当該認定手続がとられている間に限り，その認定手続の取りやめを求めることができます（関69条の20第1項）。

36.弁理士法

- **弁理士**は，**知的財産権**の適正な**保護**および**利用の促進**その他の知的財産に係る制度の**適正な運用**に**寄与**し，もって**経済**および**産業の発達**に資することを**使命**としている
- **弁理士**※の**独占業務**

①	産業財産権（工業所有権）手続等業務
②	紛争処理業務
③	取引関連業務
④	補佐人業務
⑤	訴訟代理業務

  ※**弁護士，弁理士法人を含む**

- 弁理士以外の者であっても，業として，特許料等の**納付**や特許原簿等への**登録申請**の手続きを行うことができる

学科問題

（34回　学科　問36/改）

120

ア〜エを比較して，弁理士の業務に関して，最も適切と考えられるものはどれか。

ア 弁理士でなければ，商標権の登録料の納付を業として行うことはできない。

イ 弁理士が特許無効審判の請求に関して相談を受け，対処方針等の助言を与えた後であっても，当該特許無効審判において相手方となる特許権者の代理人となることができる。

ウ 弁理士は，弁護士と共同でなくても，裁判所において特許無効審決の取消しを求める訴訟の代理人となることができる。

エ 弁理士が特許出願の代理を業として行う場合，弁理士法人として行う必要がある。

解答解説

120　　　　　　　　　　　　　　　　　　　　　　　　　　**正解: ウ**

ア　不適切

　特許料や商標権等の登録料の納付手続についての代理は，弁理士が行う独占的な代理業務から除かれています（弁理士法75条，弁理士法施行令7条）。したがって，弁理士でなくとも，商標権の登録料の納付を業として行うことができます。

イ　不適切

　弁理士は，受任している事件の相手方からの依頼による他の事件を業務として行うことはできません（弁理士法31条3号）。したがって，弁理士が特許無効審判の請求に関して相談を受け，対処方針等の助言を与えた場合，その後に当該特許無効審判において相手方となる特許権者の代理人となることはできません。

ウ　適切

　弁理士は，特許無効審決の取消しを求める訴訟（審決取消訴訟）の訴訟代理人となることができます（弁理士法6条）。この際，弁理士は，弁護士と共同ではなく，単独で訴訟代理人になることができます。

エ　不適切

　弁理士は，他人の求めに応じ，特許，実用新案，意匠，商標，国際出願もしくは，国際登録出願に関する特許庁における手続きを業として行うことができます（弁理士法4条1項）。この際，弁理士は，弁理士法人としてではなく，個人で特許出願の手続きの代理を行うことができます。

弁理士法

実力テスト
学科問題

　ア～エを比較して，特許法に規定する判定に関して，最も適切と考えられるものはどれか。

ア　判定は，審判官ではなく審査官により行われる。
イ　特許発明の技術的範囲について，特許庁に対し，判定を求めることができる。
ウ　判定の決定について，経済産業大臣に対して不服申立てをすることができる。
エ　裁判所は，判定の決定に従わなければならない。

　ア～エを比較して，職務著作（プログラムの著作物を除く）に関する次の文章の空欄　1　～　3　に入る語句の組合せとして，最も適切と考えられるものはどれか。

　法人その他使用者の　1　に基づきその法人等の業務に従事する者が職務上作成する著作物で，その法人等が自己の著作の名義の下に公表するものの著作者は，その　2　の時における契約，勤務規則その他に別段の定めがない限り，その　3　とする。

ア　　1　＝指図　　　2　＝公表　　　3　＝法人等
イ　　1　＝指図　　　2　＝作成　　　3　＝作成者及び法人等
ウ　　1　＝発意　　　2　＝作成　　　3　＝法人等
エ　　1　＝発意　　　2　＝公表　　　3　＝作成者及び法人等

問3 38回　学科　問28

ア～エを比較して，著作物に関して，最も適切と考えられるものはどれか。

ア 共同著作物であるためには，二以上の者が共同して創作した著作物であって，その各人の寄与を分離して個別的に利用することができるものでなければならない。

イ 二次的著作物であるためには，その元になったものも著作物でなければならない。

ウ 編集著作物であるためには，その素材の選択と配列の両方に創作性がなければならない。

エ データベースの著作物であるためには，その情報の選択と体系的な構成の両方に創作性がなければならない。

問4 41回　学科　問40

ア～エを比較して，出願審査請求に関する次の文章の空欄　1　～　3　に入る語句の組合せとして，最も適切と考えられるものはどれか。

　特許出願について，何人もその出願日から3年以内に出願審査請求をすることで　1　を受けることができ，その請求は取り下げることが　2　。また，出願審査請求がされなかった特許出願は　3　。

ア　1　＝実体審査
　　　2　＝できない
　　　3　＝取り下げられたものとみなされる

イ　1　＝方式審査
　　　2　＝できる
　　　3　＝取り下げられたものとみなされる

ウ　1　＝方式審査
　　　2　＝できない
　　　3　＝無効となる

エ　1　＝実体審査
　　　2　＝できる
　　　3　＝無効となる

実力テスト

　ア～エを比較して，契約に関して，最も**不適切**と考えられるものはどれか。

ア　売買契約上の支払義務について同時履行の抗弁権を行使できる場合には，履行期を過ぎても代金に関して遅延損害金の支払義務は発生しない。

イ　契約において損害賠償責任について明示していない場合，契約の相手方に対して，債務不履行に基づく損害賠償を請求することができる。

ウ　相手方が契約内容を履行しない場合に契約を解除したときは，解除の効力は契約のときに遡って発生し，契約上の債権，債務は遡及的に消滅する。

エ　売買契約において，目的物が契約の内容に適合しなかった場合に，売主側は法律上の責任を負わないとする特約を結ぶことはできない。

　ア～エを比較して，パリ条約に規定する優先権制度に関して，最も適切と考えられるものはどれか。

ア　いずれかの同盟国にされた先の出願から優先期間内に他の同盟国にされた後の出願は，最初の出願の出願日にされたものとみなす旨が規定されている。

イ　優先期間について，特許出願は6カ月とする旨が規定されている。

ウ　優先期間について，意匠登録出願については3カ月とする旨が規定されている。

エ　いずれかの同盟国において実用新案登録出願に基づく優先権を主張して意匠登録出願をした場合には，優先期間は，意匠登録出願について定められた優先期間とする旨が規定されている。

問7

　ア～エを比較して，意匠権の権利行使に関して，最も適切と考えられるものはどれか。

ア　意匠権者は，試験又は研究を目的として登録意匠を実施する者に対しても権利行使することができる。

イ　意匠権者は，他人が実施する意匠が当該他人の後願に係る登録意匠に類似する意匠でありかつ自己の登録意匠に類似する場合，当該他人の意匠の実施行為に対して自己の意匠権に基づいて権利行使をすることはできない。

ウ　意匠権者は，本意匠の意匠権と関連意匠の意匠権を有している場合，当該関連意匠の意匠権に基づいて権利行使をすることができる。

エ　業として，登録意匠又はこれに類似する意匠に係る物品の製造にのみ用いる物を譲渡する行為は，意匠権を侵害するものとみなされない。

問8

　ア～エを比較して，商標法に規定する審判又は登録異議の申立てに関して，最も**不適切**と考えられるものはどれか。

ア　何人も，商標掲載公報の発行の日から３カ月以内に限り，登録異議の申立てをすることができる。

イ　何人も，二以上の指定商品に係る商標登録に対して，指定商品毎に商標法第50条第1項(不使用取消審判)に規定する審判を請求することができる。

ウ　何人も，商標法第51条第1項(商標権者による不正使用取消審判)に規定する審判を請求することができる。

エ　何人も，商標法第53条第1項(使用権者による不正使用取消審判)に規定する審判を請求することができる。

実力テスト

問9

ア～エを比較して，著作権等に関して，最も**不適切**と考えられるものはどれか。

ア　譲渡権を有する者は，出版権を設定することができる。

イ　無名の著作物の著作権は，その著作物の公表後70年を経過するまでの間，存続する。

ウ　第一公表年月日の登録がされている著作物は，登録に係る年月日において最初の公表があったものと推定される。

エ　共同著作物に係る著作権について，各共有者は，他の共有者の同意を得なければ，その持分を譲渡することができない。

問10

ア～エを比較して，特許制度と品種登録制度に関して，最も**不適切**と考えられるものはどれか。

ア　特許制度と品種登録制度とは，試験又は研究を目的とした実施又は利用に対しては排他的な権利が及ばない点で共通する。

イ　品種登録の要件の1つとして，特許要件と同様に，進歩性を有することが必要とされる。

ウ　特許制度は，発明という技術的思想の創作を保護対象とするのに対し，品種登録制度は，植物の新品種という植物体の集合を保護対象とする点で相違する。

エ　特許権の存続期間の終期は，出願の日から起算するのに対し，育成者権の存続期間の終期は，登録の日から起算する点で相違する。

問11　　　　　　　　　　　　　39回　学科　問24

ア～エを比較して，著作権の制限に関して，最も**不適切**と考えられるものはどれか。

ア　私的使用目的で作成された複製物は，当該目的以外の目的のためであっても，公衆へ提示することができる。

イ　私的使用目的であれば，著作物の複製のみならず翻訳，翻案も自由に行うことができる。

ウ　いわゆる「写り込み」に係る権利制限規定の対象となる行為には，伝達行為が含まれる。

エ　違法にアップロードされている言語の著作物を私的使用目的でダウンロードした場合，刑事罰の対象となることがある。

問12　　　　　　　　　　　　　41回　学科　問30

ア～エを比較して，弁理士法に関して，最も適切と考えられるものはどれか。

ア　弁理士は，特許無効審決に対する審決取消訴訟の訴訟代理人となることができる。

イ　弁理士は，特定侵害訴訟代理業務についての付記登録がある場合には，特許侵害訴訟に関して，単独で訴訟代理人となることができる。

ウ　弁理士でなければ，特許料の納付手続についての代理を行うことができない。

エ　弁理士は，特許出願の代理を行う場合，特許庁長官にその旨を届け出なければならない。

実力テスト

問13

　ア～エを比較して，特許出願に関する次の文章の空欄 ［　1　］ ～ ［　3　］ に入る語句の組合せとして，最も適切と考えられるものはどれか。

　一定の条件を満たす場合には，複数の発明であっても，1つの出願とすることができる。このように1つの出願にまとめられる発明の範囲を ［　1　］ という。具体的には，「2以上の発明が同一の又は対応する ［　2　］ を有していることにより，これらの発明が単一の一般的発明概念を形成するように ［　3　］ している技術的関係」を有する場合に1つの出願とすることができる。

ア ［　1　］＝発明の単一性　　［　2　］＝特別な技術的特徴　　［　3　］＝連関
イ ［　1　］＝出願の単一性　　［　2　］＝特別な技術的特徴　　［　3　］＝従属
ウ ［　1　］＝出願の単一性　　［　2　］＝基本的な構成　　［　3　］＝連関
エ ［　1　］＝発明の単一性　　［　2　］＝基本的な構成　　［　3　］＝従属

問14

　ア～エを比較して，独占禁止法に関して，最も**不適切**と考えられるものはどれか。

ア　公正取引委員会は，違反者に対し，違反行為を除く措置をとることや，課徴金を納付することを命令できる。

イ　特許権の実施許諾契約において，実施権者に対して，契約終了後に特許権者の競合品を販売することを制限することは，独占禁止法で規制される行為に該当する場合がある。

ウ　複数の特許権者が特定分野の特許について相互にライセンスしあう取決めを「パテントプール」という。

エ　複数の同業者が競争を避けて，価格や販売数量などを共同で取り決め，協定を結ぶことを「カルテル」という。

問15

　ア～エを比較して，特許出願の拒絶査定不服審判での争点になり得ないものとして，最も適切と考えられるものはどれか。

ア　要約書の記載に誤記があるか否か。
イ　発明の単一性があるか否か。
ウ　公衆衛生を害するおそれがある発明であるか否か。
エ　特許を受けようとする発明が発明の詳細な説明に記載があるか否か。

問16

　ア～エを比較して，特許権の存続期間に関して，最も適切と考えられるものはどれか。

ア　国内優先権の主張を伴う特許出願に係る特許権の存続期間は，当該特許出願の出願日から20年をもって終了する。
イ　特許権の存続期間は，当該特許権の設定の登録が，出願審査の請求があった日から起算して3年を経過した日以後にされたときに限り，延長登録の出願により延長することができる。
ウ　特許権の存続期間は，特許料の減免又は猶予がされたことを理由に短縮されることがある。
エ　特許権の存続期間は，医薬品等の特定分野の特許権に限り，3年を限度に延長登録の出願をすることができる。

実力テスト

問17

　ア～エを比較して，意匠登録を受けられる可能性の高いものとして，最も適切と考えられるものはどれか。

ア　機能や作用効果を主目的としたもので，美感をほとんど起こさせない意匠
イ　他人の業務に係る物品等と混同を生ずるおそれがある意匠
ウ　意匠登録出願前に意匠登録出願されている他人の意匠に類似する意匠
エ　物品の機能が表面に現れた形状を含む意匠

問18

　ア～エを比較して，IP ランドスケープに関する次の文章の空欄　[　1　]　～
[　2　]　に入る語句の組合せとして，最も適切と考えられるものはどれか。

　IP ランドスケープとは，積極的な経営戦略・[　1　]　戦略策定のために，知財情報及び [　2　] を統合して分析した [　1　] 環境と将来の見通しを経営陣・[　1　] 責任者へ提示するものである。

ア　[　1　]　＝事業
　　　[　2　]　＝技術情報（学術論文情報等）
イ　[　1　]　＝知財
　　　[　2　]　＝技術情報（学術論文情報等）
ウ　[　1　]　＝知財
　　　[　2　]　＝非知財情報（マーケティング情報等のビジネス関連情報）
エ　[　1　]　＝事業
　　　[　2　]　＝非知財情報（マーケティング情報等のビジネス関連情報）

問19

ア～エを比較して，特許協力条約（PCT）に基づく国際出願についての国際調査に関する次の文章の空欄 1 ～ 4 に入る語句の組合せとして，最も適切と考えられるものはどれか。

国際調査の対象は， 1 国際出願である。国際調査は，各国における通常の実体審査とは異なり， 2 を目的とする。国際調査報告は， 3 。なお，わが国の場合は，上記の国際調査報告とともに，発明の特許性に関する審査官の見解である 4 も作成される。

ア　 1 ＝国際調査の請求がなされた
　　 2 ＝特許性があるか否かを審査すること
　　 3 ＝国際出願の優先日から18カ月を経過した後に速やかに国際公
　　　　　開される
　　 4 ＝国際予備審査見解書

イ　 1 ＝すべての
　　 2 ＝関連のある先行技術を発見すること
　　 3 ＝国際出願の優先日から18カ月を経過した後に速やかに国際公
　　　　　開される
　　 4 ＝国際調査見解書

ウ　 1 ＝国際調査の請求がなされた
　　 2 ＝関連のある先行技術を発見すること
　　 3 ＝出願人に送付され，国際公開されない
　　 4 ＝国際予備審査見解書

エ　 1 ＝すべての
　　 2 ＝特許性があるか否かを審査すること
　　 3 ＝指定官庁に送付され，国際公開されない
　　 4 ＝国際調査見解書

ア～エを比較して，次の文章の空欄 ［　1　］ に入る文章として，最も**不適切**と考えられるものはどれか。

日本国内で著作物を利用する場合には，原則として著作権者の許諾が必要である。許諾が必要であるかどうかは以下のような手順に従う。第1に，その著作物が日本の著作権法で保護されているものかどうかを確認する。第2に，著作権が存続期間内のものであるかどうかを確認する。第3に，著作物を自由に利用できる場合であるかどうかを確認する。これらに該当するかどうかを確認してその著作物を自由に利用できない場合には，著作権者を調べ，利用の許諾を得ることが必要である。［　1　］

ア　著作権法には著作物の登録制度が設けられているが，登録は著作権の発生のための要件ではなく，登録されていない著作物にも著作権が生じ得る。

イ　著作物の利用には，原則として利用の許諾を得ることが必要であるが，必ずしも著作物利用許諾契約書を作成しなくてもよい。

ウ　著作物を自由に利用できる場合については，私的使用のための複製など，著作権法に具体的に列挙されている。

エ　営利を目的とするものではなく，著作権者に報酬を支払うものではなく，かつ，報道，批評，研究その他の引用の目的上正当な範囲内で行われるものである場合は，公表された著作物を引用して利用することができる。

問21　　　　　　　　　　　　　　36回　学科　問35

　ア～エを比較して，営業秘密等の管理に関して，最も**不適切**と考えられるものはどれか。

ア　秘密として管理されている情報が，発明の新規性の判断における「公然知られた」（特許法第29条第1項）情報に該当するものであっても，営業秘密として保護される場合がある。

イ　他の会社からの転職者を採用するときには，転職前の会社の営業秘密が混入しないように管理する必要があるため，転職者に対して，転職前の会社の営業秘密と自社の営業秘密を区別できるように，転職前の会社の営業秘密の開示を要求する。

ウ　不正競争防止法では，営業秘密以外に限定提供データも保護されるが，保護される限定提供データは，秘密として管理されていることを要さない。

エ　従業者が体得した無形のノウハウや職務として記憶した顧客情報等を営業秘密として保護するためには，具体的に文書等に記載する形で，その内容を紙その他の媒体に可視化することが望ましい。

問22　　　　　　　　　　　　　　38回　学科　問25

　ア～エを比較して，商標登録出願の手続に関して，最も適切と考えられるものはどれか。

ア　複数の指定商品又は指定役務を願書に記載して商標登録出願をすることはできない。

イ　商標登録を受けるためには，願書に商標の詳細な説明を記載しなければならない場合がある。

ウ　複数の商標を願書に記載して商標登録出願をすることができる。

エ　地域団体商標は，地理的表示と同様，その商標中に地域の名称を含まなくても登録を受けることができる。

　ア～エを比較して，著作者が有する同一性保持権に関する次の文章の空欄
　1　～　3　に入る語句の組合せとして，最も適切と考えられるものは
どれか。

　同一性保持権とは，著作物及びその　1　の同一性を保持する権利であっ
て，自分の著作物に　2　改変を受けない権利である。但し，著作物の性質
並びに　3　により，やむを得ないと認められる場合などは権利が及ばない。

ア　　1　＝二次的著作物
　　　　　2　＝名誉又は声望を害する
　　　　　3　＝利用目的及び態様
イ　　1　＝題号
　　　　　2　＝意に反する
　　　　　3　＝利用目的及び態様
ウ　　1　＝題号
　　　　　2　＝名誉又は声望を害する
　　　　　3　＝著作権の譲渡契約
エ　　1　＝二次的著作物
　　　　　2　＝意に反する
　　　　　3　＝著作権の譲渡契約

　ア～エを比較して，意匠登録出願に関して，最も適切と考えられるものはどれか。

ア　秘密意匠の請求は，意匠登録出願と同時にする場合に限られる。
イ　拒絶査定を受けた場合，拒絶査定の謄本送達日から6カ月以内に拒絶査定不
　　服審判を請求することができる。
ウ　新規性のない意匠は登録を受けられないが，自己の行為に起因して意匠が公
　　知となった場合に，意匠登録を受けることができる場合がある。
エ　法人の従業者が職務として意匠を創作した場合は，意匠登録を受ける権利は
　　法人に発生し，創作者は法人となる。

問25

ア～エを比較して，職務発明に関して，最も適切と考えられるものはどれか。

ア 従業者が雇用契約によりその職務発明について使用者に特許を受ける権利を取得させた場合，従業者は相当の金銭その他の経済上の利益を受ける権利を有する。

イ 職務発明とは，従業者がした発明であって，その性質上使用者の業務範囲に属し，かつ，その発明をするに至った行為がその使用者における従業者の現在の職務にのみ属する発明をいう。

ウ 法人の取締役がなした発明が職務発明に該当することはない。

エ 従業者がその職務発明について特許を受けた場合，雇用契約において予めその使用者に通常実施権を許諾する定めがなければ，使用者は通常実施権を取得できない。

問26

ア～エを比較して，特許出願に対する拒絶査定不服審判に関して，最も適切と考えられるものはどれか。

ア 審判の請求は，拒絶理由の通知があった日から30日を経過した後はできない。

イ 審判の請求と同時に図面について補正があった場合には，審査官が審査を行う。

ウ 拒絶審決に対して不服がある場合には，東京地方裁判所に出訴することができる。

エ 審判の審理は，1人又は2人の審判官の合議体で行う。

　ア〜エを比較して，登録異議の申立て又は商標登録無効審判に関して，最も適切と考えられるものはどれか。

ア　商標登録が商標法第4条第1項第11号（先願先登録）の規定に違反してされたとき，利害関係人のみが，商標登録無効審判を請求できる。

イ　商標登録が商標法第3条第1項第2号（慣用商標）の規定に違反してされたとき，当該商標権の設定登録の日から3年を経過した場合には，商標登録無効審判を請求することができない。

ウ　商標掲載公報の発行の日から3カ月以内に限り，何人も，登録異議の申立てをすることができる。

エ　登録異議の申立てを行い，登録維持の決定がされた後は，同一の商標登録に対して，商標登録無効審判を請求することができない。

　ア〜エを比較して，著作権の周辺の権利に関して，最も適切と考えられるものはどれか。

ア　物の名称についてパブリシティ権は認められない。

イ　パブリシティ権とは，本人の承諾なしに，みだりにその容貌・姿態を撮影されたり，公表されたりしない権利である。

ウ　肖像権は，著作権法上に規定されている権利である。

エ　商品化権とは，著名人が顧客吸引力を持つ氏名を営利目的で独占的に使用できる権利である。

問29

39回　学科　問8

ア〜エを比較して，税関における手続に関して，最も適切と考えられるものはどれか。

ア　貨物を輸入しようとして特許権者から輸入差止めを申し立てられ，いったん認定手続が執られた者は，税関長に対し，当該認定手続の取りやめを求めることができない。

イ　貨物が「輸出又は輸入してはならない貨物」であると特許庁長官が判断した場合には，輸出入禁止の貨物に該当するか否かを認定する手続を行う。

ウ　特許権を侵害する貨物に該当すると税関長が認定したときは，裁判所の判決に基づく場合に限り，当該貨物を没収できる。

エ　特許権者は，自己の特許権を侵害すると認める貨物が輸入されようとする場合に，税関長に対し，当該貨物について，認定手続を執るよう申し立てることができる。

問30

38回　学科　問30

ア〜エを比較して，国内優先権の主張を伴う特許出願に関して，最も適切と考えられるものはどれか。

ア　国内優先権の主張を伴う特許出願は，後の出願と同時に出願審査請求をする必要がある。

イ　国内優先権の主張を伴う特許出願に係る特許権の存続期間は，先の特許出願の日から20年をもって終了する。

ウ　国内優先権の主張を伴う特許出願は，先の出願の日から1年6カ月を経過したときに出願公開される。

エ　国内優先権の主張を伴う特許出願は，先の出願の日から1年4カ月以内にしなければならない。

　ア～エを比較して，知的財産権の侵害に関して，最も**不適切**と考えられるもの
はどれか。

ア　実用新案権者は，実用新案技術評価書を提示して警告した後でなければ，権
　　利行使をすることができない。

イ　特許権の全範囲に専用実施権を設定した場合でも，特許権者は侵害者に対し
　　て差止請求をすることができる。

ウ　関連意匠に係る意匠権者は，当該関連意匠の侵害者に対して権利行使をする
　　ことができる。

エ　商標権を侵害する旨の警告を受けた者は，当該警告を受けた日から起算して
　　３カ月以内に限り，不使用取消審判の請求をすることができる。

　ア～エを比較して，著作隣接権に関して，最も適切と考えられるものはどれか。

ア　レコード製作者は，商業用レコードを用いた放送に関し，二次使用料を請求
　　する権利を有する。

イ　実演家は，映画の著作物を貸与する権利を有する。

ウ　著作隣接権者は，著作隣接権の全部又は一部を譲渡することができない。

エ　放送事業者と有線放送事業者は，複製権を有するが送信可能化権は有しない。

問33　　　　　　　　　　　　　　　　　　　　40回　学科　問39

　ア～エを比較して，商標登録出願に関して，最も適切と考えられるものはどれか。

ア　他人の著名な芸名を含む商標については，商標登録を受けることができる場合はない。

イ　出願に係る商標の指定商品の区分を変更する補正は，正しい区分へ是正する補正であっても，要旨変更に該当し認められない。

ウ　出願に係る商標が，簡単な図形など，極めて簡単で，かつ，ありふれた標章のみからなる商標である場合，識別力がない商標として登録を受けることができない。

エ　1つの出願に複数商標が含まれている場合，商標登録出願を商標毎に分割することができる。

問34　　　　　　　　　　　　　　　　　　　　41回　学科　問17

　ア～エを比較して，著作権の存続期間に関する次の文章の空欄　1　～　3　に入る語句の組合せとして，最も適切と考えられるものはどれか。

　著作権の存続期間は著作物の創作の時に始まり，　1　の死後70年を経過するまで存続する。無名又は変名の著作物の著作権の存続期間は，その著作物の　2　後70年を経過するまで存続し，映画の著作物に係る著作権の存続期間は，その著作物の　3　後70年を経過するまで存続する。

ア　　1　＝著作者　　　　2　＝創作　　　　3　＝創作
イ　　1　＝著作者　　　　2　＝公表　　　　3　＝公表
ウ　　1　＝著作権者　　　2　＝公表　　　　3　＝公表
エ　　1　＝著作権者　　　2　＝創作　　　　3　＝創作

問35

　ア～エを比較して，商標等に関して，最も適切と考えられるものはどれか。

ア　広く知られた他人の登録商標と類似する商標を使用した商品を販売した場合
　　であっても，日本国内で最初に販売された日から3年を経過していれば，不
　　正競争防止法に基づいて，その販売が差し止められることはない。
イ　音の商標登録出願をする場合には，願書にその旨を記載すれば足り，願書に
　　所定の物件を添付する必要はない。
ウ　出願公開の請求を行えば，出願日から1カ月を経過する前に，商標登録出願
　　が出願公開される場合がある。
エ　他人の商号を許可なく使用すると，それが商標登録されていないものであっ
　　ても，不正競争防止法に基づいて，その使用が差し止められる場合がある。

問36

　ア～エを比較して，特許権等の侵害に関して，最も**不適切**と考えられるものは
どれか。

ア　特許権に基づいて損害賠償請求する場合，常に特許権者は相手方の侵害行為
　　が故意又は過失でなされたことを立証しなければならない。
イ　特許発明の技術的範囲に属する製品を使用する行為が特許権の侵害とされる
　　場合がある。
ウ　特許が物の発明についてされている場合において，その物を業として譲渡の
　　ために所持する行為は，特許権の間接侵害とされる場合がある。
エ　特許権者は，特許権を侵害したことにより特許権者の業務上の信用を害した
　　者に対して，裁判所に信用回復の措置を請求することができる。

問37

　ア～エを比較して，商標権の存続期間の更新登録に関して，最も**不適切**と考えられるものはどれか。

ア　商標権の存続期間の更新登録の申請は，商標権の存続期間の満了前6カ月から満了の日までの間に行うことができる。

イ　商標権者が，指定商品について登録商標を使用していない場合であっても，商標権の存続期間の更新登録を受けることができる。

ウ　商標権の専用使用権者は，商標権者の同意を得ることによって，その商標権の存続期間の更新登録を申請することができる。

エ　商標権の存続期間は，何度も更新することができる。

問38

　ア～エを比較して，特許戦略に関して，最も適切と考えられるものはどれか。

ア　特許出願人は，出願公開後にその出願に係る発明を実施している者に対して，特許出願に係る公開特許公報を提示して警告をし，特許権の設定登録後に補償金の支払請求権を行使することができる。

イ　特許出願人は，特許庁に対して追加の手数料を支払うことで早期審査制度や優先審査制度を利用することができる。

ウ　特許権を取得したが自社では実施しない場合には，他者から申出があれば，特段の事情がない限り専用実施権の契約を締結することが望ましい。

エ　発明を完成させた場合には，特許権を取得する以外に発明を保護する方法がないため，必ず特許出願をするべきである。

ア〜エを比較して，商標権等に関して，最も適切と考えられるものはどれか。

ア　商標権は設定の登録により発生し，その存続期間は商標登録出願の日から10年である。

イ　登録商標を，地理的表示法に基づく地理的表示として登録することはできない。

ウ　指定商品が二以上ある場合に，指定商品ごとに商標権を分割して移転することができる。

エ　専用使用権が設定された範囲内では，専用使用権者及び商標権者が登録商標を使用することができる。

ア〜エを比較して，著作権の侵害，行使に関して，最も**不適切**と考えられるものはどれか。

ア　著作権を侵害している者だけでなく，侵害するおそれがある者に対しても差止請求権を行使することができる。

イ　譲渡権者の許諾を得て公衆に譲渡された著作物の原作品又は複製物を公衆に再譲渡する場合，譲渡権の効力は及ばない。

ウ　過失により他人の著作権を侵害した者に対しては，刑事罰として懲役又は罰金が科せられる。

エ　法人の従業員が著作権を侵害した場合，その行為者とともに法人も罰金刑に処されることがある。

実力テスト
学科解説

問1　正解: イ　　　　　　　　　　　　　　　　　　　特許権の侵害と救済

ア　不適切

判定は，原則として3名の審判官の合議体により行われます（特71条2項）。

イ　適切

特許発明の技術的範囲については，特許庁に対し，判定を求めることができます（特71条1項）。

ウ　不適切

判定の決定は，特許庁の意見表明であり，法的な拘束力を有しません。そのため，判定の決定に対して不服申立てをすることはできません。

エ　不適切

判定の決定は，特許庁の意見表明にすぎないため，法的な拘束力を有しません。したがって，裁判所が判定の決定に従う必要はありません。

問2　正解: ウ　　　　　　　　　　　　　　　　　　　　　　　　著作者

職務著作（プログラムの著作物を除く）については，「法人その他使用者の〔発意〕に基づきその法人等の業務に従事する者が職務上作成する著作物で，その法人等が自己の著作の名義の下に公表するものの著作者は，その〔作成〕の時における契約，勤務規則その他に別段の定めがない限り，その〔法人等〕とする。」と規定されています（著15条1項）。

問3　正解: イ　　　　　　　　　　　　　　著作権法の目的と著作物

ア　不適切

　共同著作物とは，２人以上の者が共同して創作した著作物であって，その各人の寄与を分離して個別的に利用することができないものをいいます（著２条１項12号）。創作した著作物を，それぞれ分離して個別的に利用することができるものは，いわゆる集合著作物に該当します。

イ　適切

　二次的著作物とは，著作物を翻案等することにより創作した著作物をいいます（著２条１項11号）。二次的著作物であるためには，その元になったものも著作物でなくてはなりません。

ウ　不適切

　編集著作物とは，編集物でその素材の選択又は配列によって創作性を有するものをいいます（著12条１項）。つまり，素材の選択又は配列のいずれかに創作性が認められれば，編集著作物になりえます（著12条１項）。

エ　不適切

　データベースであって，その情報の選択又は体系的な構成のいずれかに創作性が認められれば，データベースの著作物になりえます（著12条の２第１項）。

問4　正解: ア　　　　　　　　　　　　　　　特許出願後の手続き

　特許出願について，何人もその出願日から３年以内に出願審査請求をすることで実体審査を受けることができます（特48条の２，48条の３第１項）。しかし，この出願審査の請求を取り下げることはできません（特48条の３第３項）。なお，出願審査請求が請求期限までになされなかった特許出願は，取り下げられたものとみなされます（特48条の３第４項）。

実力テスト

ア　適切

　売買契約において代金の支払義務を負っている者は，相手方が履行期日を過ぎても債務を履行しない場合，同時履行の抗弁権を有します（民533条）。この場合，履行期日を過ぎても代金を支払う必要がないため，当該代金に関して遅延損害金の支払義務も発生しません。

イ　適切

　契約において明示していなくても，債務不履行に基づく損害賠償請求は，債務不履行の事実があること，債務者に帰責事由があること，債務不履行と損害との因果関係が立証された場合には認められます（民415条）。

ウ　適切

　当事者の一方がその解除権を行使したとき，各当事者は，その相手方を原状に復させる義務を負います（民545条1項）。したがって，契約を解除したとき，解除の効力は契約時に遡って発生し，債権や債務は遡及的に消滅します。

エ　不適切

　売買契約において，目的物の種類，品質又は数量に関しては，原則として，売主側が契約不適合責任を負うことになります（民562条）。ただし，契約不適合責任の規定は，任意規定であるため，採用するか否かについては契約当事者が自由に決めることができます。したがって，契約において売主側は法律上の責任を負わないとする特約を結ぶことも可能です。

問6　正解: エ

ア　不適切

パリ条約では，いずれかの同盟国にされた先の出願から優先期間内に他の同盟国にされた後の出願は，優先期間内に行われた行為，例えば，他の出願，公表や実施等によって不利な取り扱いを受けないことが規定されていますが（パリ4条B），後の出願が最初の出願の出願日にされたものとみなすことはありません。

イ　不適切

パリ条約では，優先期間について，特許出願は12カ月とする旨が規定されています（パリ4条C（1））。

ウ　不適切

パリ条約では，優先期間について，意匠登録出願については6カ月とする旨が規定されています（パリ4条C（1））。

エ　適切

パリ条約では，いずれかの同盟国において実用新案登録出願に基づく優先権を主張して意匠登録出願をした場合には，優先期間は，意匠登録出願について定められた優先期間とする旨が規定されています（パリ4条E（1））。

問7　正解: ウ

ア　不適切

　意匠権の効力は, 試験又は研究のためにする登録意匠の実施には及びません (意36条で準用する特69条1項)。したがって, 意匠権者はその者に対して権利行使することはできません。

イ　不適切

　後願である他人の出願に係る登録意匠に類似する意匠が, 先願である自己の出願に係る登録意匠に類似する場合, 当該他人は, その登録意匠に類似する意匠を実施することができません (意26条2項)。したがって, 意匠権者は, 他人が実施する意匠が当該他人の後願に係る登録意匠に類似する意匠でありかつ自己の登録意匠に類似する場合, 当該他人の意匠の実施行為に対して自己の意匠権に基づいて権利行使をすることができます。

ウ　適切

　本意匠の意匠権と関連意匠の意匠権は, 独立した権利であり, それぞれの意匠権を別々に行使することができます (意23条)。したがって, 本意匠の意匠権と関連意匠の意匠権を有する意匠権者は, 関連意匠の意匠権に基づいて権利行使をすることができます。

エ　不適切

　意匠法では, 業として登録意匠又はこれに類似する意匠に係る物品の製造にのみ用いる物を生産や譲渡等する行為を間接侵害といい, 意匠権を侵害するものとみなされる行為として規定しています (意38条1号イ)。

問8 　正解: ア

商標権の侵害と救済

ア　不適切

　何人も，登録異議の申立てをすることができます。ただし，登録異議の申立てをすることができる期間は，商標掲載公報の発行の日から2カ月以内に限られます（商43条の2柱書）。

イ　適切

　何人も，商標登録に係る指定商品又は指定役務が複数ある場合には，その指定商品又は指定役務ごとに不使用取消審判を請求することができます（商50条1項）。

ウ　適切

　商標権者が故意に登録商標に類似する商標を使用し，又は指定商品・指定役務に類似する商品・役務について登録商標もしくはこれに類似する商標を使用して，商品の品質もしくは役務の質の誤認又は他人の業務に係る商品・役務と混同を生ずるものをしたときは，何人も，その商標登録を取り消すことについて，不正使用取消審判を請求することができます（商51条1項）。

エ　適切

　専用使用権者又は通常使用権者が，指定商品等についての登録商標等を使用し，商品の品質もしくは役務の質の誤認又は他人の業務に係る商品等と混同を生ずるものをしたときは，何人も，その商標登録を取り消すことについて，不正使用取消審判を請求することができます（商53条1項）。

実力テスト

問9　正解: ア　　　　　　　　　　　　　　　　　　著作権の変動

ア　不適切

複製権又は公衆送信権を有する者は，その著作物について出版権を設定できます（著79条1項）。

イ　適切

無名で公表された著作物の著作権の存続期間は，原則として，その公表後70年を経過するまでです（著52条1項）。

ウ　適切

第一公表年月日の登録がされている著作物は，登録に係る年月日において最初の公表があったものと推定されます（著76条2項）。

エ　適切

共同著作物に係る著作権の持分を譲渡する場合には，他の共有者の同意を得なければ譲渡することができません（著65条1項）。

問10　正解: イ　　　　　　　　　　　　　　　　　特許法・種苗法

ア　適切

特許発明を試験又は研究を目的として実施する行為，又は登録品種を新品種の育成その他の試験又は研究のためにする品種の利用に対しては特許権又は育成者権の効力は及びません（特69条1項，種21条1項）。

イ　不適切

特許を受けるためには，進歩性を有することが必要となります（特29条2項）。しかし，品種登録を受けるために，進歩性を有する必要はありません。

ウ　適切

特許制度は，発明という技術的思想の創作を保護対象とします（特1条，2条1項）。一方，品種登録制度は，植物の新品種という植物体の集合を保護対象とします（種1条，2条2項）。

エ　適切

特許権の存続期間の終期は，特許出願の日から起算します（特67条1項）。一方，育成者権の存続期間の終期は，品種登録の日から起算します（種19条2項）。

問11　正解: ア

ア　不適切

　私的使用目的で作成された複製物を，当該目的以外の目的のために公衆へ提示することは，著作権者の許諾なく行うことができません（著49条1項1号）。

イ　適切

　私的使用目的であれば，著作権者の許諾を得なくても，著作物を複製することができます（著30条1項）。また，私的使用目的で著作物の複製をすることができる場合には，翻訳，翻案も自由に行うことができます（著47条の6第1項1号）。

ウ　適切

　いわゆる「写り込み」に係る権利制限規定の対象となる行為には，写真の撮影，録音，録画，放送その他これらと同様に事物の影像又は音を複製する行為に加え，複製を伴わない伝達行為も含まれます（著30条の2）。

エ　適切

　違法にアップロードされている言語の著作物を私的使用目的でダウンロードする行為は，違法にアップロードされたことを知りながら行った場合，刑事罰の対象となることがあります（著119条3項2号）。

問12　正解: ア

ア　適切

　弁理士は，審決取消訴訟の訴訟代理人となることができます（弁理士法6条）。

イ　不適切

　弁理士は，特定侵害訴訟代理業務についての付記登録があった場合，特許侵害訴訟に関して，弁護士が同一の依頼者から受任している事件に限り，訴訟代理人となることができます（弁理士法6条の2第1項）。つまり，付記登録を受けた弁理士であっても，単独で特許侵害訴訟の訴訟代理人となることはできません。

ウ　不適切

　特許権の登録料の納付手続についての代理は，弁理士でない者であっても行うことができます（弁理士法75条，弁理士法施行令7条1号）。

エ　不適切

　弁理士は，特許出願の代理を行うことについて，特許庁長官にその旨を届け出る必要はありません（弁理士法4条1項）。

問13　正解: ア

　二以上の発明が，発明の単一性の要件を満たす一群の発明に該当するときは，1つの願書で特許出願をすることができます（特37条）。ここで，発明の単一性とは，二以上の発明が同一の又は対応する特別な技術的特徴を有していることにより，これらの発明が単一の一般的発明概念を形成するように連関している技術的関係を有していることをいいます（特施規25条の8第1項）。

問14　正解: ウ

ア　適切
　公正取引委員会は，違反者に対し，違反行為を除く措置をとることや，課徴金を納付することを命令できます（独占禁止法7条1項，7条の2第1項）。

イ　適切
　実施許諾契約終了後に，実施許諾を受けた者に対し，競合品を取り扱うことを禁止することは，実施許諾を受けた者による技術の効率的な利用や技術取引を妨げるため，独占禁止法上の不公正な取引方法に該当するおそれが高いと考えられます（公正取引委員会　知的財産の利用に関する独占禁止法上の指針　第4　4（4））。

ウ　不適切
　複数の特許権者が特定分野の特許について相互にライセンスしあう取決めを「クロスライセンス」といいます。なお，「パテントプール」とは，それぞれの所有する特許等を一定の企業体や組織体に集中し，当該企業体や組織体を通じてパテントプールの構成員等が必要なライセンスを受けるものをいいます。

エ　適切
　同業種又はそれに近い企業同士が，互いに競争を避け利益を確保するために価格や販売数量などを共同で取り決め，協定を結ぶことをカルテルといいます。

問15　正解: ア

拒絶査定不服審判では，拒絶査定の妥当性，つまり，拒絶査定の根拠となった拒絶理由が妥当であるか否かが争点となります。また，特許法では，拒絶理由が限定列挙されています（特49条各号）。

本問では，発明の単一性（特49条4号）及び公衆衛生を害するおそれがある発明（特49条2号）であるか否か，さらに特許を受けようとする発明が発明の詳細な説明に記載（特49条4号）があるか否かは拒絶理由に該当するので，拒絶理由不服審判の争点になりえます。一方，要約書の記載に誤記があるか否かは，拒絶理由に該当しないため，拒絶査定不服審判の争点にはなりえません。

問16　正解: ア

ア　適切

特許権の存続期間は，特許出願の日から20年をもって終了します（特67条1項）。ここで，国内優先権の主張を伴う特許出願に係る特許権については，当該特許出願の出願日から20年をもって存続期間が終了します。

イ　不適切

特許権の存続期間は，当該特許権の設定の登録が，出願審査の請求があった日から起算して3年を経過した日又は特許出願の日から起算して5年を経過した日のいずれか遅い日以後にされた場合，延長登録の出願により延長することができます（特67条2項）。また，医薬品等の特定分野の特許権の存続期間は，その医薬品等の販売や製造の認可承認を得るまで特許発明を実施することができない期間があったときには，延長登録の出願により延長することができます（特67条4項）。

ウ　不適切

わが国の特許法には，特許料の減免又は猶予がされたことを理由に特許権の存続期間を短縮するという規定は存在しません。

エ　不適切

医薬品等の特定分野の特許権については，3年を限度ではなく，5年を限度として延長登録の出願をすることができます（特67条4項）。

問17　正解：エ　　　　　　　　　　意匠法の保護対象と登録要件

ア　不適切

　意匠法上の意匠であるためには，視覚を通じて美観を起こさせることが必要です（意2条1項）。したがって，機能や作用効果を主目的としたもので，美観をほとんど起こさせない意匠は，意匠法上の意匠に該当せず，意匠登録を受けられる可能性は低いと考えられます。

イ　不適切

　他人の業務に係る物品，建築物又は画像と混同を生ずるおそれがある意匠は，他の登録要件を満たす場合であっても，意匠登録を受けることができません（意5条2号）。

ウ　不適切

　同一又は類似の意匠について異なった日に二以上の意匠登録出願があったときは，最先の意匠登録出願人のみがその意匠について意匠登録を受けることができます（意9条1項）。したがって，意匠登録出願前に意匠登録出願されている他人の意匠に類似する意匠について出願したとしても，意匠登録を受けることができません。

エ　適切

　①物品の機能を確保するために不可欠な形状のみからなる意匠，もしくは②建築物の用途にとって不可欠な形状のみからなる意匠，又は③画像の用途にとって不可欠な表示のみからなる意匠は，意匠登録を受けることができません（意5条3号）。一方，物品の機能が表面に現れた形状を含む意匠は，前述した①～③のいずれにも該当しないため，意匠登録を受けられる可能性が高いと考えられます。

問18　正解: エ　　　　　　　　　　　　　　　　特許調査とIPランドスケープ

　IPランドスケープは，自社，競合他社，市場の研究開発，経営戦略等の動向及び個別特許等の技術情報を含めて，自社の市場ポジションについて現状の俯瞰・将来の展望等を経営層等に示すものであるといえます（特許庁HP：知財スキル標準（version2.0））。

　つまり，IPランドスケープとは，積極的な経営戦略・事業戦略の策定のために，知財情報及びマーケティング情報等のビジネス関連情報（非知財情報）を統合して分析した事業環境と将来の見通しを経営陣・事業責任者へ提示するものです。

問19　正解: イ　　　　　　　　　　　　　　　　　　特許協力条約（PCT）

　国際調査は，原則として，すべての国際出願を対象として，関連のある先行技術を発見することを目的として行われます（PCT15条（1）（2））。また，国際調査報告は，国際事務局により優先日から18カ月経過後に国際出願とともに国際公開されますが（PCT21条），国際予備審査報告は公開されません（PCT38条）。さらに，わが国の特許庁が受理した国際出願については，国際調査報告とともに，発明の特許性に関する審査官の見解である国際調査見解書も作成されます（PCT規則43の2.1）。

実力テスト

問20　正解: エ

ア　適切

　著作権法には著作物の登録制度が設けられています（著75条〜77条）。一方，著作権の享有には，いかなる方式の履行をも要しないので（著17条2項），登録されていない著作物にも著作権が生じ得ます。つまり，登録制度の利用は，登録の種類に応じた法的な効果を生じさせるためのものであり，著作権の発生のための要件ではありません。

イ　適切

　著作物を利用する場合には，原則として著作権者に利用の許諾を得ることが必要ですが，利用許諾の契約は当事者双方の合意で成立するものであり，必ずしも著作物利用許諾契約書を作成しなくても構いません。

ウ　適切

　著作物を自由に利用できる場合については，私的使用のための複製や引用など著作権法に具体的に列挙されています（著30条〜47条の7）。

エ　不適切

　公表された著作物は，公正な慣行に合致するものであり，かつ，報道，批評，研究その他の引用の目的上正当な範囲内で行われるものである場合，引用して利用することができます（著32条1項）。一方，公表された著作物を引用して利用する上で，営利を目的としないことや著作権者に報酬を支払わないことは引用の条件ではありません。

問21　正解: イ　　　　　　　　　　　　　　　　不正競争防止法

ア　適切

　特許法での発明の新規性（特許法29条1項）は，守秘義務がない者がその内容を知った時点で「公然知られた発明」に該当します。これに対して，営業秘密における非公知性の要件は，一般的に知られていないことです。したがって，守秘義務がない者がその情報を知ったとしても，特定の者が秘密を維持していれば，営業秘密に該当します（経済産業省：営業秘密管理指針）。

　つまり，秘密として管理されている情報が，特許法上の「公然知られた」情報に該当する場合であっても，一般的に知られていない状態にあれば，営業秘密として保護される場合があります。

イ　不適切

　転職した者が，旧雇用主から知り得た営業秘密を不正の利益を得る目的で新雇用主に開示した場合や，新雇用主が開示された営業秘密を使用等すると，刑事罰の対象となります（不競21条1項6号）。このため，他の会社からの転職者に対して，転職前の会社の情報の開示を要求することは，適切ではありません。

ウ　適切

　不正競争防止法では，営業秘密以外に限定提供データも保護対象としています（不競2条1項11号〜16号）。ここで，保護対象としての限定提供データは，業として特定の者に提供する情報として電磁的方法により相当量蓄積され，管理されている技術上又は営業上の情報ですが，保護されるために秘密として管理されていることを要しません（不競2条7項）。

エ　適切

　ノウハウや職務として記憶した顧客情報等を営業秘密として管理する上で，これらの情報を一般的な情報と区別して，従業者等が営業秘密として認識できることが重要です（経済産業省：営業秘密管理指針）。そのために，秘密として管理する情報を文書等に記載する等して，紙その他の媒体に可視化することは，適切です。

問22 正解: イ　　　　　　　　　　　　　商標登録を受けるための手続き

ア　不適切

　商標登録出願は，商標を使用する一又は二以上の商品又は役務を指定して，商標ごとにする必要があります（商6条1項）。すなわち，一つの商標登録出願で複数の指定商品又は指定役務を願書に記載して出願することができます。

イ　適切

　経済産業省令で定める商標について商標登録を受けようとするときは，その商標の詳細な説明を願書に記載します（商5条4項）。なお，経済産業省令で定める商標は，動き商標，ホログラム商標，色彩のみからなる商標，音商標，位置商標です（商施規4条の8第1項）。

ウ　不適切

　商標登録出願は，一商標一出願の原則により，その商標を使用する一又は二以上の商品又は役務を指定して，商標ごとに行う必要があります（商6条1項）。すなわち，一つの商標登録出願では一つの商標しか出願することができません。

エ　不適切

　地域団体商標は，地域の名称と，商品又は役務の普通名称又は慣用名称等とを組み合わせた商標であり（商7条の2第1項），地域の名称を含まない商標は，地域団体商標として商標登録を受けることができません。

問23 正解: イ　　　　　　　　　　　　　　　　　　著作者人格権

　同一性保持権とは，著作物及びその題号の同一性を保持し，自分の著作物に意に反する改変を受けない権利です（著20条1項）。ただし，著作物の性質並びに利用目的及び態様によりやむを得ないと認められる場合などは権利が及びません（著20条2項）。

問24　正解: ウ　　　　　　　　　　意匠登録を受けるための手続き

ア　不適切

　秘密意匠の請求は，所定の書面を意匠登録出願と同時，又は第１年分の登録料の納付と同時に特許庁長官に提出する必要があります（意14条２項）。したがって，意匠登録出願と同時にする以外にも秘密意匠の請求をする機会があります。

イ　不適切

　拒絶査定不服審判の請求は，原則として，拒絶査定の謄本送達日から３カ月以内に行う必要があります（意46条１項）。

ウ　適切

　意匠登録を受ける権利を有する者の行為に起因して意匠が公知となった場合には，所定の要件を満たすことにより，例外的に新規性を喪失しなかったものとして扱う新規性喪失の例外規定の適用を受けることにより，意匠登録を受けることができる場合があります（意４条２項）。

エ　不適切

　法人の従業者が職務として創作した意匠について，あらかじめ就業規則などにより予約承継させた場合には，意匠登録を受ける権利は原始的にその法人に帰属します（意15条３項で準用する特35条）。しかし，その意匠を創作した者は従業者であるため，創作者が法人となる場合はありません。

問25　正解: ア　　　　　　　　　　特許を受けることができる者

ア　適切

　従業者が雇用契約によりその職務発明について使用者に特許を受ける権利を承継させた場合，従業者は相当の利益を受ける権利を有します（特35条4項）。

イ　不適切

　職務発明とは，従業者がした発明であって，その性質上使用者の業務範囲に属し，かつ，その発明をするに至った行為がその使用者における従業者の現在又は過去の職務に属する発明をいいます（特35条1項）。つまり，職務発明は，従業者の現在の職務にのみ属する発明に限られるわけではありません。

ウ　不適切

　特許法においては法人の役員も従業者に含まれますので，会社の取締役がした発明であっても，職務発明に該当すると考えられます（特35条1項）。

エ　不適切

　従業者がその職務発明について特許を受けた場合，使用者には通常実施権が認められます（特35条1項）。ここで，通常実施権が認められるための条件として，雇用契約において予めその使用者に通常実施権を許諾する旨を定めることは不要です。

問26　正解: イ　　　　　　　　　　　　　特許査定と拒絶査定

ア　不適切

　拒絶査定に対する審判の請求は，拒絶査定の謄本の送達があった日から３カ月以内にできるため（特121条１項），30日を経過した後であっても３カ月以内であれば請求することができます。

イ　適切

　拒絶査定不服審判の請求と同時に明細書，特許請求の範囲又は図面について補正した場合には，前置審査が行われます（特162条）。この前置審査では，原則として，拒絶査定をした審査官が補正後の内容について審査を行うことになります。

ウ　不適切

　拒絶審決に対して不服がある場合に提起する審決取消訴訟は，東京高等裁判所が専属管轄となるため（特178条１項），東京地方裁判所に出訴することはできません。

エ　不適切

　拒絶査定不服審判の審理は，３人又は５人の審判官の合議体によって行われます（特136条１項）。

問27　正解: ア 商標権の侵害と救済

ア　適切

　商標登録が所定の無効理由に該当するときには，その商標登録を無効にすることについて審判を請求することができます（商46条1項）。ただし，商標登録無効審判を請求できるのは，利害関係を有する者に限られます（商46条2項）。

イ　不適切

　一部の無効理由（商3条，4条1項8号，11号など）に該当する場合には，商標権の設定登録の日から5年の除斥期間を経過した後は，商標登録無効審判を請求することができません（商47条1項）。つまり，除斥期間は3年ではなく5年と規定されています。

ウ　不適切

　商標掲載公報の発行の日から3カ月以内ではなく，2カ月以内に限り，何人も登録異議の申立てをすることができます（商43条の2）。

エ　不適切

　商標登録の登録異議の申立てについての登録維持の決定に対しては，不服を申し立てることができませんが（商43条の3第5項），登録異議の申立ての理由と同じ理由で商標登録無効審判を請求することはできます（商46条）。

問28　正解: ア 著作（財産）権

ア　適切

　物の名称についてパブリシティ権は認められていません（最高裁　平成16年2月13日　第二小法廷判決）。

イ　不適切

　パブリシティ権は，芸能人又は有名人などが顧客吸引力を持つ氏名・肖像を営利目的で独占的に使用できる権利です。なお，本人の承諾なしに，みだりにその容貌・姿態を撮影されたり，公表されたりしない権利は，肖像権です。

ウ　不適切

　肖像権は，判例上認められている権利であり，法律で明文化された権利ではありません。

エ　不適切

　商品化権は，漫画やアニメーションのキャラクターを商品や広告などに利用して経済的利益を得る権利です。なお，著名人が顧客吸引力を持つ氏名を営利目的で独占的に使用できる権利は，パブリシティ権です。

問29　正解: エ

ア　不適切

特許権者の申し立てに係る貨物について認定手続が執られたとき，当該貨物を輸入しようとする者は，当該認定手続が執られている間に限り，その認定手続の取りやめを求めることができます（関69条の20第1項）。

イ　不適切

特許庁長官ではなく，税関長は，貨物が「輸出又は輸入してはならない貨物」であると思料するときには，輸出入禁止の貨物に該当するか否かを認定する手続（認定手続）を行います（関69条の3第1項，69条の12第1項）。

ウ　不適切

税関長は，輸出入禁止の貨物に該当すると認定したとき，当該貨物を没収することができます（関69条の2第2項，69条の3第4項，69条の11第2項，69条の12第5項）。なお，貨物を没収するにあたり，裁判所の判決は必要ありません。

エ　適切

特許権者は，自己の特許権を侵害すると認める貨物に対し，その侵害の事実を疎明にするために必要な証拠を提出し，税関長が認定手続を執るよう申し立てることができます（関69条の4第1項，69条の13第1項）。

問30　正解: ウ

ア　不適切

国内優先権の主張を伴う特許出願の出願審査請求は，後の出願の日から3年以内であれば請求することができます（特48条の3第1項）。

イ　不適切

特許権の存続期間は，特許出願の日から20年をもって終了します（特67条1項）。また，国内優先権の主張を伴う特許出願に係る特許権の存続期間は，「後の出願の日」から起算されます（特41条2項反対解釈）。

ウ　適切

国内優先権の主張を伴う特許出願は，先の出願の日から1年6カ月を経過したときに出願公開されます（特36条の2第2項かっこ書）。

エ　不適切

国内優先権の主張を伴う特許出願は，先の出願の日から1年4カ月以内ではなく1年以内にしなければなりません（特41条1項）。

ア　適切

　実用新案権は，実用新案技術評価書を提示して警告した後でなければ，行使することができません（実29条の2）。

イ　適切

　特許権の全範囲に専用実施権を設定した場合でも，特許権に基づく差止請求権の行使は制限されず，特許権者は侵害者に対して差止請求をすることができます（特100条1項，最高裁　平成17年6月17日　第二小法廷判決）。

ウ　適切

　関連意匠の意匠権は，本意匠の意匠権とは独立して行使することができます（意23条）。したがって，関連意匠に係る意匠権者は，当該関連意匠の意匠権の侵害者に対して権利行使をすることができます。

エ　不適切

　不使用取消審判は，継続して3年以上，日本国内において商標権者，専用使用権者又は通常使用権者のいずれもが指定商品等について登録商標の使用をしていない場合に請求することができます（商50条1項）。不使用取消審判の請求時期については，特に時期的な制限はなく，商標権を侵害する旨の警告を受けたとしても，上記の条件を満たす場合には，いつでも不使用取消審判を請求することができます。

問32　正解: ア　　　　　　　　　　　　　　　　　　　　**著作隣接権**

ア　適切

　レコード製作者は，商業用レコードの放送に関し，商業用レコードを用いた放送又は有線放送を行った放送事業者等に対して，二次使用料を請求する権利を有します(著97条1項)。

イ　不適切

　実演家は，貸与権として，その実演をそれが録音されている商業用レコードの貸与により公衆に提供する権利を専有しますが(著95条の3第1項)，映画の著作物を貸与する権利は有しません。

ウ　不適切

　著作権は，その全部又は一部を譲渡することができる旨が規定されています(著61条1項)。また，著作隣接権においても，その全部又は一部を譲渡することができる旨が規定されています(著103条で準用する著61条1項)。

エ　不適切

　送信可能化権は，放送事業者及び有線放送事業者のいずれにも認められています(著99条の2第1項，100条の4)。

実力テスト

問33　正解: ウ　　　　　　　　　　　　　商標法の保護対象と登録要件

ア　不適切

　他人の著名な芸名等を含む商標は，原則として商標登録を受けることができません（商4条1項8号）。ただし，その他人の承諾を得ている場合には，商標登録を受けることができます（商4条1項8号かっこ書）。

イ　不適切

　願書に記載した指定商品もしくは指定役務又は商標登録を受けようとする商標についてした補正がこれらの要旨を変更するものであるときは，その補正は却下されます（商16条の2第1項）。しかし，指定商品又は指定役務の範囲の減縮，誤記の訂正又は明瞭でない記載を明瞭なものに改めることは，要旨の変更ではありません（商標審査基準　第13）。よって，誤った指定商品の区分を正しい区分へ是正する場合は，要旨変更には該当しないため，補正が認められます。

ウ　適切

　簡単な図形や仮名文字1字や1本の直線など，極めて簡単で，かつ，ありふれた標章のみからなる商標は，自他商品等識別力がないため，商標登録を受けることができません（商3条1項5号）。

エ　不適切

　複数の商品・役務を指定商品・指定役務とする商標登録出願の一部について，指定商品・指定役務ごとに分割して，一又は二以上の新たな商標登録出願とすることができます（商10条1項）。しかし，商標ごとに商標登録出願を分割することはできません。

問34　正解: イ　　　　　　　　　　　　　　　　　　著作権の変動

　著作権の存続期間については，著作物の創作の時に始まり（著51条1項），著作者の死後70年を経過するまで存続します（著51条2項）。無名又は変名の著作物の著作権の存続期間は，その著作物の公表後70年を経過するまで存続し（著52条），映画の著作物に係る著作権の存続期間については，その著作物の公表後70年を経過するまで存続します（著54条1項）。

問35　正解: エ

ア　不適切

　広く知られた他人の登録商標と類似する商標を使用した商品を販売する行為は，他人の商品又は営業と混同を生じさせた場合には，日本国内で最初に販売された日からの経過年数にかかわらず，不正競争行為に該当し(不競2条1項1号)，不正競争防止法に基づいて差し止められることがあります(不競3条1項)。

イ　不適切

　音の商標登録出願をする場合には，願書にその旨を記載しなければならず（商5条2項4号），さらに，願書に所定の物件を添付する必要があります(商5条4項，商施規4条の5，4条の8第2項5号)。

ウ　不適切

　商標登録出願は，出願公開されますが（商12条の2），商標法には，特許法のような出願公開請求制度（特64条の2）が規定されていないため，通常よりも早期の出願公開を請求することはできません。

エ　適切

　他人の商品等表示(人の業務に係る氏名，商号，商標等)として，需要者の間に広く認識されているものと同一もしくは類似の商品等表示を使用等し，他人の商品又は営業と混同を生じさせる行為は，不正競争行為に該当し（不競2条1項1号），不正競争防止法に基づいて差し止められることがあります（不競3条1項）。よって，他人の商号を許可なく使用した場合に，その商号が商標登録されていなくても差止請求される場合があります。

問36　正解: ア　　　　　　　　　　　　　　特許権の侵害と救済

ア　不適切

　特許権を侵害した者は，その侵害行為についての過失があったものと推定されます（特103条）。したがって，特許権に基づいて損害賠償を請求する場合，特許権者は，相手方の侵害行為が故意又は過失でされたことを立証する必要はありません。

イ　適切

　特許発明が物の発明である場合，その特許発明の技術的範囲に属する製品を無断で生産，使用，譲渡等，輸出もしくは輸入，又は譲渡等の申し出をする行為は，特許権の侵害行為に該当します（特68条，2条3項1号）。

ウ　適切

　特許が物の発明についてされている場合において，その物を業として譲渡等又は輸出のために所持する行為は，特許権の間接侵害とみなされる場合があります（特101条3号）。

エ　適切

　特許権者は，特許権を侵害したことにより特許権者の業務上の信用を害した者に対して，業務上の信用を回復するのに必要な措置を裁判所に請求することができます（特106条）。

問37 正解: ウ 商標権の管理と活用

ア 適切

更新登録の申請は，原則として，商標権の存続期間の満了6カ月前から満了の日までの間に行う必要があります（商20条2項）。なお，期間内に更新登録の申請をすることができないときは，その期間の経過後6カ月以内であれば，更新登録の申請をすることができます（商20条3項）。

イ 適切

更新登録の申請に際しては，申請人の氏名又は名称及び住所等を記載した申請書を特許庁長官に提出する必要があります（商20条1項）。一方，更新登録の申請の際，登録商標の使用状況は問われませんので，登録商標を使用していない場合であっても，商標権の存続期間の更新登録を受けることができます。

ウ 不適切

商標権の存続期間は，商標権者が更新登録の申請をすることによって更新することができます（商19条2項）。つまり，専用使用権者，通常使用権者や質権者など利害関係を有する者であっても，更新登録の申請をすることはできません。

エ 適切

商標権の存続期間は，設定登録日から10年をもって終了します。しかし，商標権者の更新登録の申請により，何回でも更新することができます（商19条1項，2項）。

実力テスト

問38　正解: ア

ア　適切

　特許出願人は，出願公開後にその特許出願に係る発明を業として実施した者に対して，その特許出願に係る公開特許公報を提示して警告した場合には，特許権の設定登録後に補償金の支払請求権を行使することができます（特65条1項，2項）。

イ　不適切

　国内の特許出願の早期権利化を図るには，早期審査制度や優先審査制度（特48条の6）を利用するのが有効です。しかし，これらの制度を利用するために特許庁に対して追加の手数料を支払う必要はありません。

ウ　不適切

　特許権を取得したものの自社では実施しない発明について，他者からライセンスの申出があったとき，専用実施権の契約を締結してしまうと，その後に状況が変わって自社が特許発明を実施しようとしても，専用実施権の設定後には実施することができません（特68条ただし書）。そのため，他者からの申出があった場合，通常は，独占権ではない通常実施権の契約を締結することが望ましいと考えられます。

エ　不適切

　技術について特許性があると判断される場合であっても，発明の内容から考えて競合他社が独自に開発することが著しく困難と判断される場合には，特許出願をしないで，ノウハウ（営業秘密）として秘匿することも考えられます。

問39　正解: ウ　　　　　　　　　　　　　商標権の管理と活用

ア　不適切

　商標権は，設定の登録によって発生します。ただし，その存続期間は，商標登録出願の日からではなく，設定登録の日から10年をもって終了します（商19条1項）。

イ　不適切

　登録商標であっても，その登録商標に係る商標権者たる生産者団体が，登録商標と同一の名称について登録の申請を行う場合には，地理的表示としての保護が受けられます（地理的表示13条1項4号ロ，13条2項）。

ウ　適切

　商標権に係る指定商品又は指定役務が二以上ある場合は，指定商品又は指定役務ごとに分割して移転することができます（商24条の2第1項）。

エ　不適切

　商標権者は，指定商品又は指定役務について，登録商標を使用する権利を専有します（商25条）。ただし，その商標権について専用使用権を設定したときは，専用使用権者がその登録商標を使用する権利を専有する範囲については，たとえ商標権者であっても自己の登録商標を使用することはできません（商25条ただし書）。

ア　適切

　著作権を侵害している者だけでなく，侵害するおそれがある者に対しても差止請求権を行使することができます（著112条1項）。

イ　適切

　譲渡権は，著作物をその原作品又は複製物により公衆に提供されない権利です（著26条の2第1項）。しかし，権利者が著作物を一旦適法に市場にて販売した場合には，譲渡権が消尽し，その後に再譲渡する場合，譲渡権の効力は及びません（著26条の2第2項1号）。

ウ　不適切

　著作権法の罰則規定は，その一般法である刑法の特別規定という位置づけであるので，罰則については刑法まで含めて考える必要があります。刑法上，ある行為が犯罪として成立するためには，原則として，行為者に罪を犯す意思（故意）が必要とされます（刑法38条1項）。したがって，過失により著作権を侵害した者には，刑事罰（著119条）は科されません。

エ　適切

　法人の従業員が著作権を侵害した場合，その行為者とともに法人も罰金刑に処されることがあります（著124条1項）。

実力テスト
実技問題

　自転車メーカーX社の開発者**甲**は，操作がしやすく持ちやすい形状のハンドル a 及び漕ぎやすい工夫をしたペダル b を備える自転車に係る発明Aを自ら完成した。X社は，令和3年6月1日に発明Aに係る請求項1つを記載して，特許出願Bを行った。特許出願Bについて，出願審査請求をすべきか否かを判断するために調査を行ったところ，事実1〜4が判明した。

事実1　令和2年12月1日に出願された特許出願Cは，早期公開が請求され，令和3年5月20日に出願公開されていた。特許出願Cに係る明細書及び図面に発明Aと同じ内容の発明が記載されていたが，特許請求の範囲にはその発明は記載されていなかった。

事実2　令和元年12月20日に米国で出願された米国特許出願Dは，令和3年6月21日に米国で出願公開されていた。米国特許出願Dに係る明細書及び図面に発明Aと同じ内容の発明が記載されていたが，特許請求の範囲にはその発明は記載されていなかった。

事実3　令和3年3月1日に発行された雑誌の記事Eに，a と同じ形状のハンドルを有する自転車メーカーY社のレース用自転車が掲載されていた。但し，その記事Eにはペダルに関して記載されていなかった。

事実4　令和3年5月6日に発行された公開特許公報Fに，自転車メーカーW社の**乙**が発明し，かつ，ペダル b と同じ工夫がされたペダルを有する子供用自転車が記載されていた。但し，その公報Fにはハンドルに関して記載されていなかった。

　以上を前提として，**問1〜問6**に答えなさい。

問1

　特許出願Bについて，事実1に基づいて拒絶されないと考えられる場合は「○」
と，拒絶されると考えられる場合は「×」と答えなさい。

問2

　問1において，拒絶されない又は拒絶されると判断した理由として，最も適切
と考えられるものを【理由群Ⅰ】の中から1つだけ選びなさい。

【理由群Ⅰ】

ア　拒絶理由には該当しないため

イ　新規性（特許法第29条第1項各号）の拒絶理由に該当するため

ウ　先願（特許法第39条）の拒絶理由に該当するため

問3

　特許出願Bについて，事実2に基づいて拒絶されないと考えられる場合は「○」
と，拒絶されると考えられる場合は「×」と答えなさい。

問4

　問3において，拒絶されない又は拒絶されると判断した理由として，最も適切
と考えられるものを【理由群Ⅱ】の中から1つだけ選びなさい。

【理由群Ⅱ】

ア　拒絶理由には該当しないため

イ　新規性（特許法第29条第1項各号）の拒絶理由に該当するため

ウ　先願（特許法第39条）の拒絶理由に該当するため

実力テスト

問5

　特許出願Bについて，事実3及び4に基づいて拒絶されないと考えられる場合は「○」と，拒絶されると考えられる場合は「×」と答えなさい。

問6

　問5において，拒絶されない又は拒絶されると判断した理由として，最も適切と考えられるものを【理由群Ⅲ】の中から1つだけ選びなさい。

【理由群Ⅲ】

ア　拒絶理由には該当しないため

イ　進歩性（特許法第29条第2項）の拒絶理由に該当するため

ウ　先願（特許法第39条）の拒絶理由に該当するため

問7〜問12　　　　　　　　　　　　

　布製品メーカーX社は，新商品として「タオル」，「ハンカチ」，「ふろしき」及び「帯」を開発し，これらの新商品の商品名を検討している。商品名として，営業部から「ぶじやま」が提案された。X社の知的財産部の部員**甲**は，これらの新商品について商標登録出願を検討した。その結果について，知的財産部の部長**乙**に対して，発言1〜3をしている。なお，商品区分として，「タオル」，「ハンカチ」及び「ふろしき」は第24類，「帯」は第25類に属し，「タオル」と「ハンカチ」は類似商品である。

発言1　「新商品『タオル』及び『ハンカチ』と，『帯』とは異なる商品区分です。従って，全商品を一の商標登録出願に指定商品として指定することはできません。」

発言2　「商標登録を受けようとする商標として，特殊なフォントで記載した『ぶじやま』の文字について商標登録出願をした後であっても，願書に標準文字の欄を追加し，『ぶじやま』の文字のフォントを通常のフォントに補正することができます。」

発言3　「商標『ぶじやま』について，指定商品『第25類　タオル，ハンカチ』とのみ区分を記載して商標登録出願をした後に，指定商品『第24類　タオル，ハンカチ，ふろしき』に補正で変更できます。」

　以上を前提として，**問7〜問12**に答えなさい。

問7
　発言1について，適切と考えられる場合は「○」と，不適切と考えられる場合は「×」と答えなさい。

問8
　問7において，適切又は不適切であると判断した理由として，最も適切と考えられるものを【理由群Ⅳ】の中から1つだけ選びなさい。

【理由群Ⅳ】
ア　複数の商品区分を指定することができるため
イ　複数の商品区分を指定すると拒絶理由の対象となるため
ウ　複数の商品区分を指定すると補正命令の対象となるため

問9

発言2について，適切と考えられる場合は「○」と，不適切と考えられる場合は「×」と答えなさい。

問10

問9において，適切又は不適切であると判断した理由として，最も適切と考えられるものを【理由群Ⅴ】の中から1つだけ選びなさい。

問11

発言3について，適切と考えられる場合は「○」と，不適切と考えられる場合は「×」と答えなさい。

問12

問11において，適切又は不適切であると判断した理由として，最も適切と考えられるものを【理由群Ⅴ】の中から1つだけ選びなさい。

【理由群Ⅴ】

ア　拒絶理由の対象となるため

イ　要旨変更補正に該当するため

ウ　要旨変更補正に該当しないため

問13〜問18　　　　　　　　　　　　40回　実技　問13〜問18

甲は，コンテンツA〜Cの利用方法について，発言1〜3をしている。

発言1　「コンテンツAは，気象庁の統計データに基づいて乙が作成した，東京都における過去10年間の局地的大雨の発生件数を示した表です。地球温暖化に関する論文において，局地的大雨の発生件数と気温の上昇の関係を比較するため，この表中にあるデータだけを使用したいと思います。この場合，乙の許諾なくデータを使用することはできません。」

発言2　「コンテンツBは，有名音楽家丙が作詞作曲し，人気アイドル丁の歌唱により公表されたヒット曲です。私が勤務する小学校の学芸会において，担当するクラスの児童たちにこれを歌わせたいと思います。この学芸会は，営利を目的とせず，来場者から料金を受けず，かつ，児童たちに報酬を支払うこともありません。この場合，事前に丙の許諾を得る必要があります。」

発言3　「コンテンツCは，戊が過去10年間の全国の大学入試で出題された英単語から2000語を選択して，来年度の出題可能性が高いと考えられる順に並べた単語集で，書店で販売されているものです。私が経営する塾で使用したいと思いますが，生徒3人だけなので，1冊購入して，生徒の人数分だけコピーして配布しようと思います。この場合，高校生の学習のためなので，戊の許諾なく単語集をコピーすることができます。」

以上を前提として，**問13〜問18**に答えなさい。

問13

発言1について，適切と考えられる場合は「○」と，不適切と考えられる場合は「×」と答えなさい。

問14

問13において，適切又は不適切であると判断した理由として，最も適切と考えられるものを【理由群Ⅶ】の中から1つだけ選びなさい。

【理由群Ⅶ】

ア　著作物ではないため

イ　著作物であり，著作権を侵害する場合にあたるため

ウ　著作物ではあるが，著作権が制限される場合にあたるため

問15

発言2について，適切と考えられる場合は「○」と，不適切と考えられる場合は「×」と答えなさい。

問16

問15において，適切又は不適切であると判断した理由として，最も適切と考えられるものを【理由群Ⅷ】の中から1つだけ選びなさい。

【理由群Ⅷ】

ア　著作権が制限される場合にあたるため

イ　著作権が制限される場合にあたらないため

ウ　実演家の肖像権又はパブリシティ権を侵害するため

問17

発言3について，適切と考えられる場合は「○」と，不適切と考えられる場合は「×」と答えなさい。

問18

問17において，適切又は不適切であると判断した理由として，最も適切と考えられるものを【理由群Ⅸ】の中から1つだけ選びなさい。

【理由群Ⅸ】

ア　著作物ではないため

イ　著作物であり，著作権を侵害する場合にあたるため

ウ　著作物ではあるが，著作権が制限される場合にあたるため

問19

　ドローンメーカーX社は，ドローンの姿勢制御を行う電子部品Aを備えるドローンに係る特許権Pを有している。一方，電子部品メーカーY社は，電子部品Aと同じ電子部品BをX社に無断で製造販売している。X社は，Y社に対して特許権侵害の警告を行うか否かを検討している。**ア～エ**を比較して，X社の知的財産部の部員の発言として，最も**不適切**と考えられるものはどれか。

ア　「特許権Pはドローンに関するものですが，Y社は電子部品Bを製造販売しているだけで，特許権Pに係る特許発明のすべてを実施しているわけではありません。従って，Y社の実施行為は，特許権Pの侵害となることはありません。」

イ　「米国のW社がわが社と同じような電子部品に関する発明について，特許権Pに係る特許出願をする前に米国で販売を開始していたとの情報があります。念のため，Y社に警告する前にW社の販売の詳細を確認しましょう。」

ウ　「電子部品Bは，特許権Pに係るドローンにのみ用いることができる電子部品である場合，Y社の実施行為は，特許権Pの間接侵害に該当します。」

エ　「電子部品Bは，特許権Pに係る特許発明の課題の解決に不可欠なものであったとしても，電子部品Bが日本国内で広く一般に流通している場合，Y社の実施行為は特許権Pの間接侵害に該当しません。」

問20

　ヘルスケアメーカーX社は，新規なマスクaを創作し，マスクaのデザインについて意匠登録出願Aを検討している。**ア～エ**を比較して，X社の知的財産部の部員の考えとして，最も適切と考えられるものはどれか。

ア　X社がマスクaを展示会に出品した場合，新規性喪失の例外の適用を受けることはできない。

イ　新規性喪失の例外の適用を受ける場合，当該適用を受けたい旨を記載した書面を，意匠登録出願Aと同時に特許庁長官に提出しなければならない。

ウ　出願書類の内容からマスクaに係る意匠であることが明らかなので，願書において「意匠に係る物品」の欄の記載を省略することができる。

エ　意匠登録出願Aをするにあたり，意匠を現した写真を提出する場合であっても図面の提出を省略することはできない。

　X社は，自社の新たなマスコットキャラクターAの創作をフリーデザイナーの**甲**に発注し，完成した際に報酬を**甲**に支払うことを約束した。X社の法務部の部員**乙**は，X社と**甲**が交わす契約書の内容について，X社がなるべく制約を受けずに，Aを広い範囲で利用できるよう，契約を締結したいと考えている。**ア～エ**を比較して，**乙**の発言として，最も適切と考えられるものはどれか。

ア　「全世界で，期間，数量，方法等の制限なく，複製，公衆送信の他あらゆる方法でX社及びX社が認めた者がAを利用できるよう，**甲**から許諾を得ておくことが考えられます。この場合，第三者がAを無断で利用した場合，X社はその者に利用の差止請求をすることができます。」

イ　「『**甲**は，Aに生ずるすべての著作権を何らの制約なくX社に譲渡する』と規定しておくことが考えられます。ただし，この規定だと，Aの翻案権及びAを翻案した著作物の利用権は**甲**に留保されたものとみなされますので，注意が必要です。」

ウ　「Aの著作権を**甲**から譲渡してもらう契約を**甲**と交わしただけでは，X社がAを確実に利用できる保証はありません。Aの著作権の移転は登録ができますので，第三者に著作権が二重譲渡された場合に備えて登録しましょう。」

エ　「**甲**にはAに係る著作者人格権が帰属します。この権利は**甲**の一身に専属しますので，その権利をX社に譲渡する契約及びその権利を**甲**に対して行使しないことを約する契約は，いずれも無効と解されています。よって，X社がAを利用するにあたり，氏名表示権，同一性保持権に関しては，**甲**の意向を尊重する以外の手段はありません。」

問22

　機械部品メーカーX社と機械メーカーY社は，X社が有する特許権Pに関するY社への有償の譲渡契約を締結することを検討している。**ア～エ**を比較して，譲渡契約に関して，最も適切と考えられるものはどれか。

ア　譲渡契約に，特許権Pの移転登録手続の履行期日及びそれに対する対価の支払期日が同日に規定されていた場合，X社は，支払期日が到来しても対価が支払われなければ，特許権Pの移転登録をしない旨を主張することができる。

イ　譲渡契約に，X社が期限日までに特許権Pの移転登録を行う旨の規定があるが期限日までに移転登録が行われない場合には契約を解除できる旨の規定がなくとも，Y社は，催告なしに譲渡契約を解除することができる。

ウ　譲渡契約に，債務不履行に基づいて損害が発生した場合には損害賠償を請求することができる旨を規定しなければ，X社は，Y社の債務不履行に基づく損害賠償を請求することはできない。

エ　譲渡契約に，契約内容にない事項について相手方から損害を受けた場合には損害賠償を請求することができる旨を規定しなければ，X社は，Y社の不法行為に基づく損害賠償を請求することはできない。

　化粧品メーカーX社は，今年の春に発売するファンデーションのプロモーションビデオを制作することになった。**ア〜エ**を比較して，このプロモーションビデオの制作会議におけるX社の社員**甲**の発言として，最も<u>**不適切**</u>と考えられるものはどれか。

ア　「プロモーションビデオの制作を，映像制作会社Y社に委託する場合，X社が委託元ですが，Y社が制作したプロモーションビデオの著作者はY社となります。」

イ　「プロモーションビデオの制作をX社と映像制作会社Y社が共同で行った場合，プロモーションビデオの著作権者はX社とY社となります。」

ウ　「プロモーションビデオの映画監督を，社外の映像クリエーター**乙**に依頼する場合，プロモーションビデオの著作者は**乙**となります。」

エ　「プロモーションビデオを社内で制作することを検討しています。ビデオ撮影が得意な社員**丙**を映画監督に任命して職務の一環として制作させ，X社の名義で公表する場合，このプロモーションビデオの著作者は**丙**となり，著作権者はX社となります。」

問24

　X社が事業化を予定している顕微鏡の新製品について，Y社の接眼レンズユニットに係る特許権Pのみが関連することがわかった。そこで，特許権侵害の紛争が発生することを回避するために，対応を多角的に検討した。**ア〜エ**を比較して，X社の対応として，問題（トラブル）が発生する可能性が低いものとして，最も適切と考えられるものはどれか。

ア　X社は，Y社が製造販売を予定している接眼レンズユニットと技術的関連性が高い特許権を有しているため，Y社に対してお互いに無償実施できるという条件でのクロスライセンスの申込をする。

イ　Y社は，接眼レンズユニットについて，製造も販売もしておらず，また他社へ実施許諾もしていないため，侵害を発見されても損害賠償額は低額であると考え，特許権Pを無視して新製品の販売を開始する。

ウ　特許権Pに係る特許発明が，特許出願日より前に公表された複数の文献に記載された技術情報を組み合わせると進歩性がないことを理由に，特許無効審判を請求する。

エ　Y社が製造販売している特許権Pに係る接眼レンズユニットをY社から直接購入してX社の顕微鏡に組み込む。

　半導体メーカーＸ社の知的財産部の部員**甲**が，部内会議において，知的財産に関する情報を活用して事業の見通しを示す業務であるＩＰランドスケープについて発言している。**ア～エ**を比較して，**甲**の発言として，最も**不適切**と考えられるものはどれか。

ア　「ＩＰランドスケープは，例えばある特定の事業を成功させるためにアライアンスやＭ＆Ａが必要な場合に候補先企業を分析して経営陣に提案するような場合に有効です。」

イ　「パテントクリアランスだけを行うことは，ＩＰランドスケープとして十分とはいえません。」

ウ　「ＩＰランドスケープは，経営戦略や事業戦略の策定に用いるために行うものです。」

エ　「ＩＰランドスケープは，経営戦略の検討の有無を問わず，特許データベースを用いて分析した特許データを視覚化した特許マップを作成することを目的とするものです。」

問26

　家具メーカーX社は，開発中のベッドの試作品Aと，テーブルB及び安楽いすCを含む一組の家具セットに係る試作品Dとを展示会に出品した。試作品A，試作品Dが好評であったので，製品化が決定され，意匠登録出願を検討している。**ア～エ**を比較して，X社の知的財産部の部員の考えとして，最も適切と考えられるものはどれか。

ア　試作品Aについて，新規性喪失の例外の手続をして意匠登録出願をした場合，試作品Aを展示会に出品した日が意匠登録出願の出願日とされる。

イ　Y社が同じ展示会に出品していたベッドEのデザインが，試作品Aのデザインと類似していた。試作品Aについて新規性喪失の例外の手続をして意匠登録出願をした場合，ベッドEのデザインについても新規性を喪失していないものとして扱われるので，ベッドEを引用した拒絶理由通知がされることはない。

ウ　試作品Aについて，新規性喪失の例外の手続をして，意匠登録出願をした場合，試作品Aのデザインは新規性を喪失していないものとして扱われる。

エ　テーブルB及び安楽いすCに共通する特徴的な部分が含まれている場合に，試作品Dについて，組物に係る部分意匠として意匠登録することはできない

甲は，乙が映画監督を務め自主製作した実写の映画Aのフィルムを所有している。映画Aは公開されなかったため，甲は映画Aのフィルムを用いた上映会の開催を検討している。ア〜エを比較して，甲の考えとして，最も適切と考えられるものはどれか。なお，甲は，乙から映画Aに係る著作権の譲渡を受けていないものとする。

ア　映画Aは50年前に製作されているので，甲は，乙の許諾を得ることなく映画Aを上映することができる。

イ　映画Aが上映され，当該上映会で盗撮されたと考えられる映画Aが，違法動画サイトにアップロードされた場合，甲は，当該違法動画サイトの管理者に対して差止請求をすることはできない。

ウ　甲は，映画愛好家50名程度を募集し，自宅近くのホールで映画Aの上映会を行うことを企画している。乙が映画Aの上映に反対したとしても，甲は，映画Aの上映をすることができる。

エ　映画Aは150分を超える長編のため，甲は，上映会用に120分程度に編集することができる。

問28

　化学薬品メーカーX社は，新規の薬品Aを製造することができる製造技術Bを保有しており，製造技術Bを利用した事業展開を推進している。X社の知的財産部は，その事業展開のために，製造技術Bを知的財産権で独占する方法と，営業秘密として管理する方法のいずれを推進すべきか社内会議で検討している。**ア〜エ**を比較して，社内会議での知的財産部の部員の発言として，最も適切と考えられるものはどれか。

ア　「薬品Aに関して，わが国で特許出願を行ったとしても，公益を目的とする公共事業に利用される場合には産業上の利用可能性がないとして拒絶される場合がありますので，営業秘密として管理すべきです。」

イ　「製造技術Bが流出しないように営業秘密として保護するためには，製造技術Bを記したドキュメントを鍵のかかる保管庫に入れて管理すれば十分です。」

ウ　「製造技術Bについて営業秘密として管理をした場合，その営業秘密を漏洩した者に対して損害賠償を請求することはできますが，刑事罰として懲役刑がその者に科されることはありません。」

エ　「わが社を退職した技術者から競合企業Y社に，営業秘密として管理をしている製造技術Bが開示された場合，製造技術Bを入手したY社に対してわが社は損害賠償を請求できる場合があります。」

問29

　X社は，品種Aについて種苗法に基づく品種登録を受けた。**ア〜エ**を比較して，X社の担当者の発言として，最も適切と考えられるものはどれか。

ア　「品種Aを試験又は研究のために利用する行為に対して，育成者権を行使できる。」

イ　「わが社から品種Aの種苗を購入した者が，その種苗を無断で第三者に譲渡する行為は，わが社の育成者権を侵害します。」

ウ　「農業者が品種Aの収穫物の一部を次の作付けの種苗としてわが社に無断で使用することはできません。」

エ　「品種Aの育成者権の存続期間は，品種登録の日から20年間です。」

　音響機器メーカーX社の従業員であった技術者**甲**は，スピーカーの開発を職務とし，新型のスピーカーAの開発に従事していた。その後，**甲**は，X社を退社し，X社と同種のスピーカーを製造しているY社にスピーカーの開発担当として転職した。**甲**は，Y社においてスピーカーAに係る発明Bを完成させた後，自ら特許出願をして発明Bに係る特許権を取得した。また，Y社は，スピーカーAの製造販売を開始した。**ア～エ**を比較して，最も適切と考えられるものはどれか。但し，Y社には職務発明に関する規程がなかったものとする。

ア　発明Bは，実質的に，X社における**甲**の開発行為，及び，Y社における**甲**の開発行為を通じて完成されたものであることから，X社もY社も職務発明に基づく通常実施権を有する。

イ　発明Bは，**甲**がY社に転職した後に**甲**によって完成されたものであるが，一方でX社における**甲**の過去の職務に属するものであり，X社には職務発明の予約承継に関する規程があったことから，X社は職務発明に基づく通常実施権を有する。

ウ　発明Bは，X社における**甲**の過去の職務に属するものであり，また，**甲**がY社に転職した後に**甲**によって完成されたものであるから，X社もY社も職務発明に基づく通常実施権を有しない。

エ　発明Bは，**甲**がY社に転職した後に**甲**によって完成されたものであり，Y社における**甲**の現在の職務に属するものであるから，Y社は職務発明に基づく通常実施権を有する。

問31

　健康器具メーカーX社は，マッサージ器Aに係る秘密意匠の意匠権Dを取得した。その後，X社がマッサージ器Aを発売する直前になって，意匠権Dの秘密期間経過前において，ライバルメーカーのY社が，マッサージ器Aと類似するマッサージ器Bを製造販売していることがわかった。**ア〜エ**を比較して，最も適切と考えられるものはどれか。

ア　意匠権Dは意匠掲載公報が発行されていないため，意匠権Dの秘密期間内にマッサージ器Bの製造販売行為について差止めを請求する場合には，Y社に対して一定の猶予期間を与える必要がある。

イ　X社は，意匠権Dの設定登録後に，秘密期間を短縮することはできない。

ウ　意匠権Dに係る意匠登録出願の時点で，Y社によるマッサージ器Bの製造販売が現に日本国内で行われていた場合には，Y社は意匠権Dについて先使用権を有する場合がある。

エ　意匠権を侵害した者は，侵害行為について過失があったものと推定されるので，意匠権Dに基づく権利行使において，X社は，Y社の過失を立証する必要はない。

　双眼鏡メーカーX社は，特許発明A「新規な合金aを用いて軽量化したボディーと無色透明なレンズbを有する双眼鏡」に係る特許権を有している。その後，双眼鏡メーカーY社が，合金aを用いて軽量化したボディーに色つきのレンズcを装着した双眼鏡Bの製造販売を開始していることがわかった。**ア～エ**を比較して，X社の考えとして，最も**不適切**と考えられるものはどれか。

ア　特許発明Aのレンズbを双眼鏡Bのレンズcに置き換えて同一の作用効果を奏するか否かは，Y社の行為を侵害行為として判断する上で，重要な判断要素となる。

イ　特許発明Aのレンズbは無色透明であるのに対して，双眼鏡Bのレンズcは色つきであることから，Y社が双眼鏡Bを製造販売する行為は，明らかに特許発明Aに係る特許権の侵害を構成しない。

ウ　双眼鏡Bが，特許発明Aの特許出願時における公知技術と同一又は当業者が容易に推考できたか否かは，Y社の侵害行為を認定するにあたり，重要な判断要素となる。

エ　特許発明Aのレンズbを双眼鏡Bのレンズcに置き換えることについて，双眼鏡の製造技術分野における通常の知識を有する者が，双眼鏡Bの製造販売時に容易に想到できたものであるか否かは，Y社の行為を侵害行為として判断する上で，重要な判断要素となる。

問33

　自動車メーカーであるX社は，電気自動車Aを開発し，製品化して販売することを考えた。**ア～エ**を比較して，X社の考えとして，最も**不適切**と考えられるものはどれか。

ア　電気自動車Aに必要なバッテリーを開発することが自社技術だけでは困難なため，IPランドスケープにより，マーケットにおける技術評価等も考慮して，買収先として最適なバッテリーメーカーを探すこととした。

イ　X社が電気自動車Aを海外で製造販売する場合には，日本で特許権を取得しただけでは不十分であり，電気自動車Aの生産国及び市場国においても権利取得を検討する必要がある。

ウ　電気自動車Aの販売を開始するにあたり，他社の特許を侵害していないかを確認するためにIPランドスケープによって他社の特許状況を把握することとした。

エ　X社は，電気自動車Aに関する技術について，特許出願をせずに自社のホームページ上で公開した場合，低コストで迅速に他社の特許権の取得を阻止できるが，自社の特許権の取得の道も閉ざすことになる場合がある。

問34

　甲は，2019年7月10日にした特許出願Pに基づく国内優先権の主張をして，2020年6月10日に特許出願Qを行った。この場合，特許出願Qが出願公開されるのは西暦何年何月か，算用数字で答えなさい。但し，出願公開の請求はされていないものとする。

　X社の知的財産部の部員**甲**と部員**乙**が，特許協力条約（PCT）に基づく国際出願に関して会話をしている。**問35～問37**に答えなさい。

甲　「国際出願をした場合について，日本国特許庁へ直接国内出願として出願した場合と比較すると，手続に違いはありますか。」

乙　「国際出願をすると，原則として [1] について，優先日から18カ月経過後に，国際公開されます。」

甲　「国際公開の内容は誰でも見ることができますか。」

乙　「はい，インターネット等を通じて誰でも見ることができます。あわせて [2] の結果が公開されます。」

甲　「他には何かありますか。」

乙　「さらに，原則として [1] について， [2] 機関において [2] の結果と同時に [3] も作成されます。」

問35
　空欄 [1] に入る最も適切な語句を【語群X】の中から選びなさい。
問36
　空欄 [2] に入る最も適切な語句を【語群X】の中から選びなさい。
問37
　空欄 [3] に入る最も適切な語句を【語群X】の中から選びなさい。

【語群X】

国際予備調査書　　　国際文献調査書　　　国際公開請求がされた出願

国際文献調査　　　国際予備調査　　　国際調査

すべての出願　　　国際調査請求がされた出願　　　国際調査見解書

問38～問40

　次の会話は，ゲームクリエーターの**甲**がX社の知的財産部の部員**乙**と会話をしているものである。**問 38 ～問 40** に答えなさい。

甲　「人気競走馬Aの名称は，全国的に著名ですが，これをビデオゲームの中で使用することについては，馬主の許諾が必要ですか。」

乙　「最高裁平成16年2月13日判決によると，このような場合に，いわゆる物の　[　1　]　は認められなかったので，馬主の許諾は不要だと考えられます。」

甲　「物ではなく，芸能人や有名人の名称や肖像について使用する場合は，[　1　]　は認められますか。」

乙　「最高裁平成24年2月2日判決によると，専ら著名人の肖像等が有する　[　2　]　の利用を目的とするといえる場合には，[　1　]　は認められ，利用するために許諾は必要だと考えられます。なお，著名人が有するこの　[　1　]　の権利の性質としては　[　3　]　に由来する権利と扱われています。」

問38

　空欄　[　1　]　に入る最も適切な語句を【語群XI】の中から選びなさい。

問39

　空欄　[　2　]　に入る最も適切な語句を【語群XI】の中から選びなさい。

問40

　空欄　[　3　]　に入る最も適切な語句を【語群XI】の中から選びなさい。

【語群XI】

人格権	肖像権	パブリシティ権
財産権	商業的価値	顧客吸引力

実力テスト
実技解説

問1　正解：×（拒絶される）
問2　正解：イ

　特許出願の出願公開がなされると，特許請求の範囲，明細書及び図面が公開されますので，これらの出願書類のいずれか一つに記載された発明であっても，公知となります。本問では，令和3年5月20日に特許出願Cが出願公開されているので，特許出願Cの特許請求の範囲に記載された発明のみならず，特許出願Cの明細書及び図面に記載されている発明は，特許出願Bよりも前に公知になっています。したがって，発明Aは，特許出願Bよりも前に新規性を失っているため，特許出願Bは，拒絶されると考えられます（特29条1項3号，49条2号）。

問3　正解：〇（拒絶されない）
問4　正解：ア

　本問では，令和3年6月21日に米国特許出願Dが出願公開されているので，それよりも前に出願された特許出願Bに係る発明Aについて，米国特許出願Dの出願公開を理由として新規性（特29条1項3号）及び進歩性（特29条2項）が否定されることはありません。

　また，日本国でなされた特許出願Bと，米国特許出願Dとの間で先後願の関係は成立しませんので，特許出願Bに対して，米国特許出願Dの出願公開により拡大先願（特29条の2）が適用されることもありません。

　したがって，特許出願Bが米国特許出願Dの出願公開を根拠として拒絶されることはありません。

問5　正解：×（拒絶される）
問6　正解：イ

　特許出願Bよりも前に発行された公開特許公報Fには，ペダルbと同じ工夫がされたペダルを有する子供用自転車が記載されています。

　一方，特許出願Bよりも前に発行された記事Eには，aと同じ形状のハンドルを有する自転車メーカーY社のレース用自転車が掲載されています。

　ここで，発明Aは，公開特許公報Fに記載されたペダルと，記事Eに掲載されたハンドルとを組み合わせたものとして，自転車分野の当業者であれば，記事Eと公開特許公報Fに基づいて容易に発明することができたものであるため，進歩性を満たしておらず，特許出願Bは拒絶されることになります（特29条2項，49条2号）。

問7～問12　　　　　　　　商標法の保護対象と登録要件

問7　正解：×（不適切）
問8　正解：ア

　商標登録出願は，一商標一出願の原則により，商標を使用する一又は二以上の商品又は役務を指定して，商標ごとに出願します（商6条1項）。また，政令で定める商品及び役務の区分に従って出願します（商6条2項）。つまり，区分ごとに区分けすれば，一出願で複数の商品区分にわたる商品又は役務を指定することができます。

問9　正解：×（不適切）
問10　正解：イ

　願書に記載した指定商品・指定役務又は商標登録を受けようとする商標についてした補正が，要旨を変更するものであるときは，その補正は却下されます（商16条の2第1項）。特殊なフォントで記載した商標について，商標登録出願後に，願書に標準文字の欄を追加し，商標の文字を通常の文字のフォントに補正することは，原則として，要旨変更の補正に該当します（商標審査基準　第13　1.（2）.（ア）①）。また，商標登録出願後に，標準文字である旨の記載を追加する補正も，原則として，要旨変更の補正に該当します（商標審査基準　第13　1.（2）.（ウ））。

問11　正解：×（不適切）
問12　正解：イ

　指定商品・指定役務の範囲の減縮，誤記の訂正または明瞭でない記載を明瞭なものに変更する補正は，要旨変更に該当しません（商標審査基準　第13　1.（ア）（例2））。つまり，誤って記載した商品区分（第25類）を正しい区分（第24類）に補正することは，要旨変更の補正に該当しませんが，指定商品「タオル」，「ハンカチ」以外に「ふろしき」を追加した場合，要旨変更の補正に該当します。

問13　正解：×（不適切）
問14　正解：ア

　著作物とは，思想又は感情を創作的に表現したものであって，文芸，学術，美術又は音楽の範囲に属するものをいいます（著2条1項1号）。気象庁の統計データに基づいて作成された過去10年間の局地的大雨の発生件数を示した表は，単なるデータであって，人の思想や感情を伴うものではないので，著作物に該当しません。そのため，その表の著作権者も存在せず，どのように使用しても著作権の侵害にはなりえません。したがって，表を作成した乙の許諾なくデータを使用することができます。

問15　正解：×（不適切）
問16　正解：ア

　コンテンツBは，音楽の著作物に該当するため，原則として，著作権者に無断で演奏することができません（著22条）。一方，公表された著作物は，営利を目的とせず，聴衆又は観衆から料金を受けない場合，実演家に対して報酬が支払われないときには，著作権者の許諾を得なくとも，公に上演したり，演奏することができます（著38条1項）。コンテンツBは，公表された著作物であるので，営利を目的とせず，来場者から料金を受けず，かつ児童たちに報酬が支払われない場合には，丙の許諾を受けなくても，学芸会で児童たちに歌わせることができます。

問17　正解：×（不適切）
問18　正解：イ

　過去10年間の全国の大学入試で出題された英単語から2000語を選択して，来年度の出題可能性が高いと考えられる順に並べた単語集は，その素材の選択又は配列によって創作性を有する編集物に該当するので，編集著作物に該当し（著12条1項），その編集者は著作者として著作権を有します（著2条1項2号，17条1項）。著作権者の許諾なくその単語集をコピーする行為は，原則として，複製権の侵害に該当しますが（著21条），非営利目的の教育機関における一定の複製行為については例外として複製権の侵害とはなりません（著35条1項）。ここで，私営の塾は教育機関ではありますが，営利を目的とするものであるため，当該規定の教育機関には含まれず，当該規定の適用はありません。したがって，その塾において著作権者の許諾なくその単語集をコピーする行為は，複製権の侵害に該当します。

問19　正解: ア　　　　　　　　　　　　　特許権の侵害と救済

ア　不適切

　特許発明品の生産にのみ用いられる物を製造や販売等する行為は，その特許権の間接侵害に該当します（特101条1号）。したがって，電子部品Bが特許発明品であるドローンを生産するための専用部品である場合には，Y社の実施行為は，特許権Pの侵害となります。

イ　適切

　特許出願をする前に，その特許発明の内容が公知である場合には，当該特許権は無効理由を有することになります（特29条1項1号，123条1項2号）。そのような特許権に基づいて侵害訴訟を請求しても，無効理由が存在することを理由として，権利行使が認められることはありません（特104条の3第1項）。したがって，権利行使をするにあたり，特許権Pに係る特許出願をする前に米国で販売が開始されていたかを調査し，特許に無効理由があるかどうかを確認しておくことは，適切です。

ウ　適切

　特許発明品の生産にのみ用いられる物を販売等する行為は，その特許権の間接侵害に該当します（特101条1号）。

エ　適切

　特許発明の構成要素のすべてではなく一部を実施している場合であっても，その特許発明品の生産に用いる物であって，特許発明による課題の解決に不可欠な物を業として販売等する行為は，その特許権の間接侵害に該当する場合があります（特101条2号）。ただし，その物が日本国内で広く一般に流通している場合には，間接侵害に該当しません（特101条2号かっこ書）。

問20　正解: イ　　　　　　　　　　意匠登録を受けるための手続き

ア　不適切

　意匠登録を受ける権利を有する者の行為に起因して意匠が公知となった場合でも，公知となった日から1年以内に新規性喪失の例外の適用を受けて意匠登録出願することで，新規性を喪失しなかったものとみなされます（意4条2項）。よって，X社は展示会に出品した日から1年以内に意匠登録出願をすることで，新規性喪失の例外の適用を受けることができます。

イ　適切

　新規性喪失の例外の適用を受ける場合は，特許庁長官に，意匠登録出願と同時に，新規性喪失の例外の適用を受けたい旨を記載した書面を提出しなければなりません。さらに，意匠登録を受ける権利を有する者の行為に起因して当該適用を受ける場合には，意匠登録出願日から30日以内に，新規性喪失の例外の適用を受けることができる意匠であることを証明する書面を提出する必要があります（意4条3項）。

ウ　不適切

　意匠登録出願に係る願書には，①意匠登録出願人の氏名又は名称及び住所又は居所，②意匠の創作をした者の氏名及び住所又は居所，③意匠に係る物品又は意匠に係る建築物もしくは画像の用途を記載する必要があります（意6条1項）。また，意匠に係る物品の欄の記載がない場合は，不適法な手続きであって，その補正をすることができないものであるとして，特許庁長官によりその手続き（意匠登録出願）が却下されます（意68条2項において準用する特18条の2第1項）。

エ　不適切

　意匠登録出願をするにあたり，願書に添付する図面に代えて，意匠登録を受けようとする意匠を現わした写真，ひな形又は見本を提出することができます（意6条2項）。

問21　正解: ウ

ア　不適切

　X社及びX社が認めた者は，甲から許諾を得た場合，その許諾に係る利用方法及び条件の範囲においてAを利用することができます（著63条2項）。一方，Aの著作権は，Aの利用を許諾した甲が保有するので，第三者がAを無断で利用した場合に，著作権者ではないX社は，その者に利用の差止請求（著112条1項）をすることはできません。

イ　不適切

　著作権の譲渡契約において，翻訳権，翻案権，二次的著作物の利用に関する原著作者の権利が譲渡の目的として特掲されていないとき，これらの権利は，譲渡した者に留保されたものと推定されます（著61条2項）。本問において，『Aに生ずるすべての著作権を何らの制約なくX社に譲渡する』と規定した場合に甲に留保される権利は，Aの翻訳権，翻案権及びAを翻案した著作物の利用に関する原著作者の権利となります。

ウ　適切

　著作権の移転については，文化庁に登録することができます（著77条1号）。移転登録をしておけば，第三者に著作権が二重譲渡されたとしても，その第三者に対抗することができます。

エ　不適切

　Aの著作者である甲は，著作者人格権を保有します（著17条1項）。著作者人格権は，著作者の一身に専属し，譲渡することができません（著59条）。そのため，著作者人格権の譲渡契約は無効となります。一方，著作者人格権を行使しないことを約する契約は，有効です。したがって，X社は，Aの利用に関して著作者人格権を行使しないことについて甲と契約を締結しておくことで，氏名表示権や同一性保持権に配慮することなくAを利用することができます。

ア　適切

　契約当事者は，同時履行の抗弁権を有するため，相手方がその債務の履行を提供するまでは，自己の債務の履行を拒むことができます（民533条）。したがって，Ｘ社は，支払期日が到来してもＹ社が対価を支払わなければ，特許権Ｐの移転登録をしない旨を主張することができます。

イ　不適切

　契約当事者の一方は，相手方がその債務を履行しない場合には，相当の期間を定めて履行するように催告を行い，その期間内に履行がないときは契約を解除することができます（民541条）。したがって，期限日までに移転登録が行われない場合であっても，Ｙ社は，履行の催告を行う必要があるため，催告なしに譲渡契約を解除することができません。

ウ　不適切

　契約において規定しなくても，債務不履行の事実があること，債務者に帰責事由（責めに帰すべき理由）があること，債務不履行と損害との因果関係が立証された場合には，債務不履行に基づく損害賠償を請求することができます（民415条）。

エ　不適切

　契約において規定しなくても，加害者の故意又は過失，行為の違法性，損害の発生，損害と違法行為との因果関係が立証された場合には，不法行為に基づく損害賠償を請求することができます（民709条）。

問23　正解: エ　　　　　　　　　　　　　　　　　　　　著作者

ア　適切

　著作者とは，著作物を創作した者をいいます（著2条1項2号，17条1項）。プロモーションビデオの制作を，映像制作会社Y社に委託する場合，その著作者は，プロモーションビデオを実際に制作した委託先であるY社になります。

イ　適切

　X社とY社が共同で制作したプロモーションビデオは，X社とY社の各人の寄与を分離して個別的に利用することができない場合，共同著作物（著2条1項12号）に該当し，共同著作物の著作権は，X社とY社が共有することとなります。

ウ　適切

　映画の著作物の著作者は，原則として，制作，監督，演出，撮影，美術等を担当してその映画の著作物の全体的形成に創作的に寄与した者（著16条）となりますが，職務著作に該当する映画については，法人が著作者になります（著15条1項）。本問において，映画監督を社外の映像クリエーター乙に依頼する場合には職務著作とはならないので，プロモーションビデオの著作者は，映画監督である乙になります。

エ　不適切

　職務著作の成立要件は，①法人等の発意に基づくこと，②その法人等の業務に従事する者が職務上作成する著作物であること，③その法人等が自己の著作の名義の下に公表すること（プログラムの著作物を除く），④その作成の時における契約，勤務規則その他に別段の定めがないことです（著15条1項）。本問では，社員を映画監督に任命して職務の一環として制作させるので上記の要件①と②を満たします。したがって，残りの要件③と④を満たす場合には，プロモーションビデオは職務著作となり，X社が著作者となります。

問24　正解: エ　　　　　　　　　　　　　特許権の侵害と救済

ア　不適切

　Y社の接眼レンズユニットと技術的関連性が高いと思われる特許権を有しているので，Y社に対してお互いにクロスライセンスの申込をすることは可能ですが，特許権Pに係る特許発明を必ずしも無償実施できるというわけではありません。例えば，X社が保有する特許権に係る特許発明よりも特許権Pに係る特許発明が重要なものである場合には，高額のライセンス料を要求される場合もあります。したがって，本問の場合，トラブルが生じる可能性が低いとは考えられません。

イ　不適切

　X社が特許権Pを無視して新製品を販売した場合，その製品がY社の特許権Pの技術的範囲に属する場合，X社の行為は，特許権Pの侵害行為に該当し，Y社から損害賠償が請求される場合があります。また，その賠償額は，X社が侵害製品を販売したことにより得られる利益となる可能性があり（特102条2項），販売数量等によっては高額になる場合も考えられます。そのため，本問の場合，トラブルが生じる可能性が低いとは考えられません。

ウ　不適切

　特許権Pに係る特許発明が，特許出願日より前に公表された複数の文献に記載された技術情報を組合せていたとしても，当業者が容易に創作することができないものであれば特許無効審判を請求しても，特許権Pを消滅させることができません。したがって，本問の場合，トラブルが生じる可能性が低いとは考えられません。

エ　適切

　Y社が製造販売している特許権Pに係るレンズユニットを購入した場合，特許権Pは消尽し，その購入品の使用や転売に対して特許権Pの効力が及ばなくなります（最高裁　平成9年7月1日　第三小法廷判決）。したがって，本問の場合，トラブルが生じる可能性が低いと考えられます。

問25　正解: エ　　　　　　　　　　　　　特許調査とIPランドスケープ

ア　適切

　IPランドスケープは，経営陣に対し，経営戦略・事業戦略を策定して提示することを目的として行われ，例えば，ある特定の事業を成功させるためにアライアンスやM&Aが必要なケースにおいて，知財情報や市場情報を踏まえ，シナジー効果を生み出すと考えられる候補企業を分析して経営陣に提案する場合に有効です。

イ　適切

　IPランドスケープは，経営戦略又は事業戦略の立案に際し，経営・事業情報に知財情報を組み込んだ分析を実施し，その分析結果を経営者・事業責任者と共有することです。一方，他社特許に抵触しないための調査であるパテントクリアランスは，重要業務ではありますが，それだけではより積極的に事業に成功することを目的とするIPランドスケープとしては十分とはいえません。

ウ　適切

　IPランドスケープは，知的財産に関する情報や市場情報等を活用して経営戦略や事業戦略を策定するために行われます。

エ　不適切

　IPランドスケープは，知的財産に関する情報や市場情報等を活用して経営戦略や事業戦略を策定するために行われます。すなわち，IPランドスケープは，単に特許マップを作成するのではなく，特許マップから得られる情報や市場情報を分析して，経営戦略や事業戦略を検討することを目的として行われます。

実力テスト

ア　不適切

　新規性喪失の例外の手続きをした場合であっても，意匠登録出願日が遡及することはなく，実際に意匠登録出願を行った日が出願日になります。したがって，試作品Aを展示会に出品した日が意匠登録出願の出願日とされることはありません。

イ　不適切

　出品された試作品Aのデザインについて新規性喪失の例外規定の適用を受けることにより，試作品Aは，新規性を喪失していないものとして扱われます（意4条2項）。しかし，展示会では試作品Aのデザインと類似するY社のベッドEも出品されており，新規性喪失の例外規定の適用を受けたとしても，ベッドEのデザインについてまで，新規性を喪失していないものとして扱われることはないため，ベッドEのデザインは公知の意匠として扱われます。そのため，X社が試作品Aのデザインについて意匠登録出願をしたとしても，公知のベッドEと類似しているという理由で拒絶されると考えられます（意3条1項3号）。

ウ　適切

　X社が展示会に出品したことにより，試作品Aのデザインは新規性を喪失していますが，新規性喪失の例外規定の適用を受けることにより，新規性を喪失していないものとして扱われます（意4条2項）。

エ　不適切

　令和1年意匠法改正により，組物についても部分意匠が認められるようになりました（意2条1項かっこ書）。したがって，一組の家具セットに係る試作品Dについて，テーブルB及び安楽いすCに共通する特徴的な部分が含まれている場合には，その部分を組物に係る部分意匠として意匠登録を受けることができます。

問27　正解: イ

ア　不適切

　実写映画Aは，映画の著作物に該当し（著2条1項1号，10条1項7号），映画監督である乙は映画の著作物の著作者（著16条）として著作権を有します（著17条1項）。映画の著作物の著作権は，その著作物の公表後70年（その著作物がその創作後70年以内に公表されなかったときは，その創作後70年）を経過するまでの間，存続します（著54条1項）。したがって，未公開の実写映画Aは，創作から70年を経過していないので，上映する場合には乙の許諾を得る必要があります。

イ　適切

　実写映画Aの著作者である乙は，複製権及び公衆送信権を有します（著20条及び23条）。実写映画Aを盗撮して違法動画サイトにアップロードする行為は，乙が保有する複製権及び公衆送信権を侵害する行為に該当するので，乙は，当該違法動画サイトの管理者に対して差止請求をすることができます（著112条1項）。一方，甲は実写映画Aのフィルムを所有していますが，乙から実写映画Aに係る著作権の譲渡を受けていないため，差止請求をすることはできません。

ウ　不適切

　実写映画Aの著作者である乙は，映画Aについて上映権を有します（著22条の2）。したがって，乙の許諾なく，映画Aを公に上映することはできません。甲が映画愛好家50名程度を募集して自宅近くのホールで映画Aを上映することは，映画Aを公に上映することに該当するので，甲は，乙の意向に反して映画Aを上映することができません。

エ　不適切

　実写映画Aの著作者である乙は，同一性保持権を有します（著20条1項）。したがって，乙の意に反して映画Aを改変することができないので，甲は，乙の許可を得ずに，映画Aを150分から120分程度に編集することができません。

ア　不適切

　産業上利用することができない発明は，医療行為，明らかに実施することができない発明，及び，業として利用できない発明です（特許審査基準　第Ⅲ部　第1章）。薬品Ａは，これらには該当せず，公益を目的として利用されるものであっても，産業上利用できない発明にはあたりません。つまり，薬品Ａについて特許出願を行った場合，産業上の利用可能性がないとして拒絶されることはなく，特許が認められる可能性があります。したがって，薬品Ａを保護する方法としては，営業秘密として管理する以外に，特許で保護する方法も考えられます。

イ　不適切

　営業秘密として保護するためには，保護を受ける情報を秘密として管理することが必要です（不競2条6項）。ここで，秘密として管理するとは，「秘密に管理している」と客観的に認識できる程度に管理していることを意味します。そのため，情報が記載されたドキュメントを，たとえ鍵のかかる保管庫に入れたとしても，ドキュメントに秘密である旨を表示せず，秘密に管理されていると客観的に認識できなければ，秘密として管理しているとはいえず，営業秘密として保護されません。

ウ　不適切

　営業秘密を漏洩した者に対しては，損害賠償を請求することができるとともに（不競4条），刑事罰として懲役刑が科されることがあります（不競21条1項各号）。

エ　適切

　社内の営業秘密を在職中に知った従業者が退職した後に，競合他社が，その従業者から営業秘密を入手する行為は，不正競争行為に該当する場合があります（不競2条1項8号）。その場合には，営業秘密を入手した競合企業に対して，損害賠償を請求することができる場合があります（不競4条）。

問29　正解: ウ　　　　　　　　　　　　　　　　　　　種苗法

ア　不適切

登録品種を試験又は研究のために利用する行為に対して，育成者権を行使することはできません（種21条1項1号）。

イ　不適切

育成者権者の行為によって登録品種の種苗が譲渡されたときには，その譲渡された種苗の利用には育成者権の効力が及びません（種21条2項）。したがって，X社から品種Aの種苗を購入した者が，その種苗を無断で第三者に譲渡する行為は，その育成者権を侵害する行為に該当しません。

ウ　適切

令和4年法改正の前は，農業を営む者であって政令で定める者が，最初に育成者権者により譲渡された登録品種の種苗を用いて収穫物を得て，その収穫物を自己の農業経営において更に種苗として用いる行為（いわゆる自家増殖）に対しては，育成権の効力は及びませんでした（法改正前の種21条2項）。ただし，法改正後は，農業者による自家増殖にも育成者権の効力が及ぶことになり，自家増殖の目的であっても育成者権者の許諾なく無断で登録品種及びその収穫物を使用することができなくなりました。

エ　不適切

育成者権の存続期間は，品種登録の日から25年間（永年性植物については30年）となります（種19条2項）。

問30　正解: エ　　　　　　　　　　　　　特許を受けることができる者

従業員等がその性質上使用者等の業務範囲に属し，かつ，その発明をするに至った行為が使用者等における従業者等の現在又は過去の職務に属する発明は，職務発明に該当します。そして，使用者等は，従業員等が職務発明について特許を受けたとき，その特許権について通常実施権を有します（特35条1項）。

ここで，職務発明における過去の職務とは，同一企業内の過去の職務に限られます。本問の場合，発明Bは，甲がX社を退社した後に完成したものであるため，X社における甲の過去の職務に属さず，X社における職務発明には該当しません。したがって，X社は，発明Bについて職務発明に基づく通常実施権を有しません。

一方，発明Bは，甲がY社に転職した後に完成されたものであり，Y社における業務範囲に属し，かつ，Y社における甲の現在の職務に属するので，Y社における職務発明に該当します。したがって，Y社は，発明Bについて職務発明に基づく通常実施権を有します（特35条1項）。

問31　正解: ウ

ア　不適切

　意匠権者又は専用実施権者は，秘密意匠に係る意匠権に基づいて差止めを請求する場合において一定の猶予期間を与える必要はありません。

　なお，秘密意匠の内容は公告されていないので，意匠権に係る登録意匠を記載した書面であって，特許庁長官の証明を受けたものを提示して警告した後でなければ，差止請求をすることができません（意37条3項）。

イ　不適切

　意匠登録出願人又は意匠権者は，秘密にすることを請求した期間を延長し又は短縮することを請求することができます（意14条3項）。したがって，X社は，意匠権Dの秘密期間の短縮を請求することができます。

ウ　適切

　先使用権とは，①意匠登録出願に係る意匠を知らないで自らその意匠もしくはこれに類似する意匠の創作をし，又は意匠登録出願に係る意匠を知らないでその意匠もしくはこれに類似する意匠の創作をした者から知得して，②意匠登録出願の際，③現に日本国内においてその意匠又はこれに類似する意匠の実施である事業をしている者又はその事業の準備をしている者は，その実施又は準備をしている意匠及び事業の目的の範囲内において，その意匠登録出願に係る意匠権について通常実施権が認められます（意29条）。したがって，すべての要件を満たす場合には，Y社は意匠権Dについて先使用権を有することがあります。

エ　不適切

　原則として，他人の意匠権又は専用実施権を侵害した者は，その侵害の行為について過失があったものと推定されます（意40条）。しかし，秘密意匠は意匠権が発生してもただちにその内容が公告されないので，秘密意匠に係る意匠権又は専用実施権の侵害については，過失の推定は適用されません（意40条ただし書）。よって，X社は，Y社の過失を立証する必要があります。

問32　正解: イ　　　　　　　　　　　　　　**特許権の管理と活用**

　他人が実施する製品に特許発明の構成と相違する部分があったとしても，一定の条件を満たす場合には「均等論」が適用されて，特許発明の技術的範囲に属するものとして扱われ，特許権侵害として訴えることができます(最高裁　平成10年2月24日　第三小法廷判決)。

ア　適切

　均等論の適用要件として，特許発明の構成を他人の実施品の構成に置き換えたときに同一の作用効果を奏することが必要となります。したがって，特許発明Aのレンズbを双眼鏡Bのレンズcに置き換えて同一の作用効果を奏するか否かは，Y社の侵害行為を認定する上で重要な判断要素となります。

イ　不適切

　双眼鏡Bのレンズcは，色つきであるため，無色透明の特許発明Aのレンズbと異なりますが，レンズcとレンズbとが同一の作用効果を発揮して双眼鏡Bが特許発明Aの目的を達成する場合には，「均等論」が適用されることがあります。そして，均等論が適用される場合には，双眼鏡Bが特許発明Aの技術的範囲に属することになるので，Y社が双眼鏡Bを製造販売する行為は，特許発明Aに係る特許権を侵害することになります。

ウ　適切

　均等論の適用要件として，他人の実施品が特許発明の出願時における公知技術と同一又は当業者が公知技術から容易に推考できたものではないことが必要となります。したがって，双眼鏡Bが，特許発明Aの特許出願時における公知技術と同一又は当業者が容易に推考できたか否かは，Y社の侵害行為を認定する上で重要な判断要素となります。

エ　適切

　均等論の適用要件として，特許発明の構成を他人の実施品の構成に置き換えることが，他人の実施品の製造販売時において当業者が容易に想到できたことが必要となります。したがって，特許発明Aのレンズbを双眼鏡Bのレンズcに置き換えることを双眼鏡Bの製造販売時において双眼鏡の製造技術分野における通常の知識を有する者(当業者)が容易に想到できたものであるか否かは，Y社の侵害行為を認定する上で重要な判断要素となります。

ア　適切

　IPランドスケープは，知財情報や市場情報に基づき，自社及び他社の現状を把握し，マーケットにおける技術評価や動向を勘案した提案を，経営陣に行うための業務です。例えば，ある特定の事業を成功させるためにアライアンスやM＆Aが必要となる状況において，IPランドスケープを行うことにより，自社にとって技術補完度が高くシナジー効果が得られる買収先企業として最適なバッテリーメーカーを特定して経営陣に提案することができます。

イ　適切

　知的財産権の効力は，その権利を取得した国のみにおいて有効です。したがって，自社製品について日本で特許権を取得していても，その権利は，日本のみで有効であるので，海外で製造販売する場合には，その生産国及び市場国においても権利取得することが望ましいと考えられます。

ウ　不適切

　IPランドスケープは，経営戦略や事業戦略の立案のために経営情報・事業情報に知財情報を組み込んで分析し，その分析結果を経営者や事業責任者と共有することを目的としています。つまり，他社の特許を侵害していないかを確認するための侵害調査とIPランドスケープとは，調査の目的や分析手法が異なります。

エ　適切

　ホームページ上で技術を公開することで，その技術を公知にすることができます。そして，特許出願前に公知となった発明は，新規性欠如を理由に拒絶されるため（特29条1項3号），他社だけではなく自社も特許権を取得することができなくなります。

問34　正解: 2021年1月　　　　　　　　　　特許出願の手続き

　特許出願は，原則として出願日から1年6カ月を経過すると出願公開されます（特64条1項）。また，国内優先権の主張を伴う特許出願は，先の出願日から1年6カ月を経過したときに出願公開されます（特36条の2第2項かっこ書）。

　本問では，国内優先権の主張を伴う特許出願Qは，先の特許出願Pの出願日から1年6カ月を経過したときに出願公開されます。

　したがって，特許出願Qが出願公開されるのは，特許出願Pの出願日である2019年7月10日の1年6カ月後である2021年1月となります。

問35～問37　　　　　　　　　　　　　　　　特許協力条約（PCT）

問35　正解：すべての出願
　国際出願の国際公開は，原則として，すべての国際出願に対して，国際出願の優先日（もしくは出願日）から18カ月経過後に行われます（PCT21条（2）（a））。

問36　正解：国際調査
　国際調査の結果である国際調査報告は，国際公開において国際出願とあわせて公開されます（PCT21条（3），PCT規則48.2（a））。

問37　正解：国際調査見解書
　国際調査は，国際調査機関によって，原則としてすべての国際出願に対して行われます（PCT15条（1），16条（1））。さらに，国際調査機関は，国際調査の結果と同時に国際調査見解書を作成します（PCT規則43の2.1（a））。

問38　正解：パブリシティ権

　最高裁（平成16年2月13日）の判決では，競走馬は「物」であり，いわゆるパブリシティ権が認められないことを判示しています。この判決によれば，競走馬の名称等が顧客吸引力を有するものであるとしても，その競走馬の名称等の使用につき，競走馬の所有者の許諾は不要であると考えられます。

問39　正解：顧客吸引力

　最高裁（平成24年2月2日）の判決では，人の氏名，肖像等を無断で使用する行為は，専ら氏名，肖像等の有する顧客吸引力の利用を目的とするといえる場合に，いわゆるパブリシティ権を侵害するものと判示しています。この判決によれば，専ら著名人の肖像等が有する顧客吸引力の利用を目的とするといえる場合には，パブリシティ権が認められ，利用するためには許諾が必要になると考えられます。

問40　正解：人格権

　最高裁（平成24年2月2日）の判決では，人の氏名や肖像等は，個人の人格の象徴であるから，その個人は，人格権に由来する権利として，氏名や肖像等をみだりに利用されない権利を有すると判示しています。つまり，著名人が有するパブリシティ権は，その著名人の人格権に由来する権利であると考えられます。

知的財産管理技能検定
2級

試験概要

知的財産管理技能検定について

(1) 知的財産管理技能検定とは

「知的財産管理技能検定」は、技能検定制度の下で実施されている、「知的財産管理」職種にかかる国家試験です。知的財産教育協会が 2004 年より実施してきた「知的財産検定」が全面的に移行したもので、2008 年 7 月に第 1 回検定が実施されました。

「知的財産管理」職種とは、知的財産（著作物、発明、意匠、商標、営業秘密等）の創造、保護または活用を目的として、自己または所属する企業・団体等のために業務を行う職種であり、具体的には、リスクマネジメントに加え、創造段階における開発戦略、マーケティング等、また保護段階における戦略、手続管理等、また活用段階におけるライセンス契約、侵害品排除等のマネジメントを行う職種です。

本検定は、これらの技能およびこれに関する知識の程度を測る試験です。

試験名称：知的財産管理技能検定
試験形態：国家試験（名称独占資格）・技能検定
試験等級：一級知的財産管理技能士（特許専門業務）
　　　　　一級知的財産管理技能士（コンテンツ専門業務）
　　　　　一級知的財産管理技能士（ブランド専門業務）
　　　　　二級知的財産管理技能士（管理業務）
　　　　　三級知的財産管理技能士（管理業務）
試験形式：学科試験・実技試験
指定試験機関：一般財団法人知的財産研究教育財団 知的財産教育協会
知的財産管理技能検定 HP：www.kentei-info-ip-edu.org/

技能検定とは

技能検定とは、働くうえで身につける、または必要とされる技能の習得レベルを評価する国家検定制度で、「知的財産管理技能検定」は、「知的財産管理」職種にかかる検定試験です。試験に合格すると合格証書が交付され、「技能士」と名乗ることができます。

厚生労働省：技能検定制度について
http://www.mhlw.go.jp/BunyA/nouryoku/ginoukentei/index.html

(2) 各級のレベル

1級：知的財産管理の職種における上級の技能者が通常有すべき技能及びこれに関する知識の程度（知的財産管理に関する業務上の課題の発見と解決を主導することができる技能及びこれに関する専門的な知識の程度）を基準とする。

2級：知的財産管理の職種における中級の技能者が通常有すべき技能及びこれに関する知識の程度（知的財産管理に関する業務上の課題を発見し、大企業においては知的財産管理の技能及び知識を有する上司の指導の下で、又、中小・ベンチャー企業においては外部専門家等と連携して、その課題を解決でき、一部は自律的に解決できる技能及びこれに関する基本的な知識の程度）を基準とする。

3級：知的財産管理の職種における初級の技能者が通常有すべき技能及びこれに関する知識の程度（知的財産管理に関する業務上の課題を発見し、大企業においては知的財産管理の技能及び知識を有する上司の指導の下で、又、中小・ベンチャー企業においては外部専門家等と連携して、その課題を解決することができる技能及びこれに関する初歩的な知識の程度）を基準とする。

(3) 試験形式

*一部に3肢択一も含む

等級・試験種	試験形式	問題数	制限時間	受検手数料
1級学科試験	筆記試験(マークシート方式4肢択一式*)	45問	100分	8,900円
1級実技試験	筆記試験と口頭試問	5問	約30分	23,000円
2級学科試験	筆記試験(マークシート方式4肢択一式*)	40問	60分	8,200円
2級実技試験	筆記試験(記述方式・マークシート方式併用)	40問	60分	8,200円
3級学科試験	筆記試験（マークシート方式3肢択一式）	30問	45分	6,100円
3級実技試験	筆記試験(記述方式・マークシート方式併用)	30問	45分	6,100円

(4) 法令基準日

知的財産管理技能検定の解答にあたっては、問題文に特に断りがない場合、試験日の6カ月前の月の1日現在で施行されている法令等に基づくものとされています。

知的財産管理技能検定2級について

　「知的財産管理技能検定2級」（以下、2級）は、知的財産管理技能検定のうち、知的財産分野全般（特許、商標、著作権等）について、基本的な管理能力がある者を対象とした試験です。

　なお、2級合格に必要な技能およびこれに関する知識の程度は、以下のように定められています。

> **2級**：知的財産管理の職種における中級の技能者が通常有すべき技能及びこれに関する知識の程度（知的財産管理に関する業務上の課題を発見し、大企業においては知的財産管理の技能及び知識を有する上司の指導の下で、又、中小・ベンチャー企業においては外部専門家等と連携して、その課題を解決でき、一部は自律的に解決できる技能及びこれに関する基本的な知識の程度）を基準とする。

知的財産管理技能検定2級　試験概要

＊一部に3肢択一も含む

	学科試験	実技試験
試験形式	筆記試験 （マークシート方式　4肢択一式＊）	筆記試験 （記述方式・マークシート方式併用）
問題数	40問	40問
制限時間	60分	60分
受検手数料	8,200円	8,200円

知的財産管理技能検定2級　試験範囲

学科試験	実技試験
2級学科試験の試験科目およびその範囲の細目	2級実技試験の試験科目およびその範囲の細目
1　戦略 知的財産戦略に関し、次に掲げる事項について基本的な知識を有すること。 ①知的財産戦略（特許ポートフォリオ戦略、ブランド戦略、コンテンツ戦略） ②IPランドスケープ ③オープン＆クローズ戦略 ④コーポレートガバナンス・コード	1　戦略 知的財産戦略に関し、次に掲げる事項について業務上の課題を発見し、上司の指導の下で又は外部専門家等と連携して、その課題を解決でき、一部は自律的に解決できること。 ①知的財産戦略（特許ポートフォリオ戦略、ブランド戦略、コンテンツ戦略） ②IPランドスケープ ③オープン＆クローズ戦略 ④コーポレートガバナンス・コード

2 管理
2-1 法務
法務に関し、次に掲げる事項について基本的な知識
を有すること。
①営業秘密管理
②知的財産関連社内規定（営業秘密管理に関するも
のを除く）

2-2 リスクマネジメント
リスクマネジメントに関し、次に掲げる事項につい
て基本的な知識を有すること。
①係争対応
②他社権利監視
③他社権利排除
　イ　情報提供　　ロ　無効審判手続

3 創造（調達）
3-1 調査
調査に関し、次に掲げる事項について基本的な知識
を有すること。
①先行資料調査
②他社権利調査

4 保護（競争力のデザイン）
4-1 ブランド保護
ブランド保護に関し、次に掲げる事項について基本
的な知識を有すること。
①商標権利化（意見書、補正書、不服審判を含む）
②商標事務（出願事務、期限管理、年金管理を含む）

4-2 技術保護
Ⅰ国内特許権利化に関し、次に掲げる事項について
　基本的な知識を有すること。
①明細書
②意見書提出手続
③補正手続
④拒絶査定不服審判手続
⑤査定系審決取消訴訟手続
Ⅱ外国特許権利化に関し、次に掲げる事項について
　基本的な知識を有すること。
①パリ条約を利用した外国出願手続
②国際出願手続
Ⅲ国内特許事務に関し、次に掲げる事項について基
　本的な知識を有すること。
①出願事務
②期限管理
③年金管理
Ⅳ品種登録申請に関して基本的な知識を有すること。

2 管理
2-1 法務
法務に関し、次に掲げる事項について業務上の課題
を発見し、上司の指導の下で又は外部専門家等と連携
して、その課題を解決でき、一部は自律的に解決でき
ること。
①営業秘密管理
②知的財産関連社内規定（営業秘密管理に関するも
のを除く）

2-2 リスクマネジメント
リスクマネジメントに関し、次に掲げる事項につい
て業務上の課題を発見し、上司の指導の下で又は外部
専門家等と連携して、その課題を解決でき、一部は自
律的に解決できること。
①係争対応
②他社権利監視
③他社権利排除
　イ　情報提供　　ロ　無効審判手続

3 創造（調達）
3-1 調査
調査に関し、次に掲げる事項について業務上の課題を
発見し、上司の指導の下で又は外部専門家等と連携し
て、その課題を解決でき、一部は自律的に解決できる
こと。
①先行資料調査
②他社権利調査

4 保護（競争力のデザイン）
4-1 ブランド保護
ブランド保護に関し、次に掲げる事項について業務
上の課題を発見し、上司の指導の下で又は外部専門家
等と連携して、その課題を解決でき、一部は自律的に
解決できること。
①商標権利化（意見書、補正書、不服審判を含む）
②商標事務（出願事務、期限管理、年金管理を含む）
③地理的表示の保護

4-2 技術保護
Ⅰ国内特許権利化に関し、次に掲げる事項について
　業務上の課題を発見し、上司の指導の下で又は外
　部専門家等と連携して、その課題を解決でき、一部
　は自律的に解決できること。
①明細書
②意見書提出手続
③補正手続
④拒絶査定不服審判手続
⑤査定系審決取消訴訟手続

4-3　コンテンツ保護
コンテンツ保護に関して基本的な知識を有すること。

4-4　デザイン保護
デザイン保護に関し、次に掲げる事項について基本的な知識を有すること。
①意匠権利化（意見書、補正書、不服審判を含む）
②意匠事務（出願事務、期限管理、年金管理を含む）

5　活用
5-1　契約
契約に関し、次に掲げる事項について基本的な知識を有すること。
①知的財産関連契約
②著作権の権利処理

5-2　エンフォースメント
エンフォースメントに関し、次に掲げる事項について基本的な知識を有すること。
①知的財産権侵害の判定
②知的財産権侵害警告
③国内知的財産関連訴訟（当事者系審決等取消訴訟を含む）
④模倣品排除

6　関係法規
次に掲げる関係法規に関し、知的財産に関連する事項について基本的な知識を有すること。
①民法（特に契約関係法規）
②特許法
③実用新案法
④意匠法
⑤商標法
⑥不正競争防止法
⑦独占禁止法
⑧関税法
⑨外国為替及び外国貿易法
⑩著作権法
⑪種苗法
⑫特定農林水産物等の名称の保護に関する法律
⑬パリ条約
⑭特許協力条約
⑮TRIPS協定
⑯マドリッド協定議定書
⑰ハーグ協定
⑱ベルヌ条約
⑲商標法に関するシンガポール条約
⑳特許法条約
㉑弁理士法

Ⅱ外国特許権利化に関し、次に掲げる事項について業務上の課題を発見し、上司の指導の下で又は外部専門家等と連携して、その課題を解決でき、一部は自律的に解決できること。
①パリ条約を利用した外国出願手続
②国際出願手続
Ⅲ国内特許事務に関し、次に掲げる事項について業務上の課題を発見し、上司の指導の下で又は外部専門家等と連携して、その課題を解決でき、一部は自律的に解決できること。
①出願事務
②期限管理
③年金管理
Ⅳ品種登録申請に関して業務上の課題を発見し、上司の指導の下で又は外部専門家等と連携して、その課題を解決でき、一部は自律的に解決できること。

4-3　コンテンツ保護
コンテンツ保護に関して業務上の課題を発見し、上司の指導の下で又は外部専門家等と連携して、その課題を解決でき、一部は自律的に解決できること。

4-4　デザイン保護
デザイン保護に関し、次に掲げる事項について業務上の課題を発見し、上司の指導の下で又は外部専門家等と連携して、その課題を解決でき、一部は自律的に解決できること。
①意匠権利化（意見書、補正書、不服審判を含む）
②意匠事務（出願事務、期限管理、年金管理を含む）

5　活用
5-1　契約
契約に関し、次に掲げる事項について業務上の課題を発見し、上司の指導の下で又は外部専門家等と連携して、その課題を解決でき、一部は自律的に解決できること。
①知的財産関連契約
②著作権の権利処理

5-2　エンフォースメント
エンフォースメントに関し、次に掲げる事項について業務上の課題を発見し、上司の指導の下で又は外部専門家等と連携して、その課題を解決でき、一部は自律的に解決できること。
①知的財産権侵害の判定
②知的財産権侵害警告
③国内知的財産関連訴訟（当事者系審決等取消訴訟を含む）
④模倣品排除

知的財産管理技能検定2級　受検資格

　2級には受検資格があります。なお、複数ある受検資格のうち、いずれか1つに該当していればよいとされています。

試験区分	選択作業	受検資格
学科試験 実技試験	管理業務	・知的財産に関する業務について2年以上の実務経験を有する者 ・3級技能検定の合格者（※1） ・学校教育法による大学又は大学院において検定職種に関する科目について10単位以上を修得した者 ・ビジネス著作権検定上級の合格者（※2） ・2級技能検定の一部合格者（学科または実技いずれか一方の試験のみの合格者）（※3）

※1　合格日が試験の行われる日の属する年度及びその前年度並びに前々年度に属するものに限る。

※2　ビジネス著作権検定とは、サーティファイ著作権検定委員会が実施する「ビジネス著作権検定」を指す。合格日が技能検定が実施される日の属する年度及びその前年度並びに前々年度に属するものに限る。

※3　当該合格したほうの試験の合格日の翌々年度までに行われる技能検定についてに限る。

※本書の検定情報は、2023年5月現在の知的財産管理技能検定のウェブサイト情報に基づいて執筆したものです。最新の情報は下記ウェブサイトをご確認ください。

知的財産管理技能検定ウェブサイト

http://www.kentei-info-ip-edu.org/

知的財産管理技能検定2級
厳選 過去問題集【2024年度版】

2023年 7月 10日 初版1刷発行

編 者	アップロード知財教育総合研究所
発行者	小川裕正
発行所	株式会社アップロード
	〒104-0061 東京都中央区銀座2-11-2
	TEL 03-3541-3827 FAX 03-3541-7562
カバー・本文デザイン	中川英祐（有限会社トリプルライン）
印刷・製本	広研印刷株式会社